V. Rodríguez Cedeño, A. Pastor Palomar, M. Betancourt Catalá
B. Jesús Imbroda, S. Hernández de Deffendini y T. Moya Sánchez

# La Corte Penal Internacional y las situaciones sobre Venezuela

## Prólogos

Dr. Simón Pedro Deffendini Silva

y Rafael Casado Lezama

Título: LA CORTE PENAL INTERNACIONAL Y LAS SITUACIONES DE VENEZUELA.

© Víctor Rodríguez Cedeño, Soranib Hernández de Deffendini, Antonio Pastor Palomar, Blas Jesús Imbroda Ortíz, Milagros Betancourt Catalá, Thairi Moya Sánchez.

© Edición en el Perú: Universidad Peruana de Ciencias Aplicadas (UPC), 2021
Av. Alfonso de Molina 1611, Lim 33 (Perú)
Teléfono 313-3333
www.upc.edu.pe
ISBN: 978-612-318-377-6
Corrector de estilo: Benjamín Caballero
Diagramación: Martha Rechkemmer

© Edición de Editorial Jurídica Venezolana, 2022
Avda. Francisco Solano López, Torre Oasis, P.B., Local 4, Sabana Grande,
Apartado 17.598 – Caracas, 1015, Venezuela
Teléfono 762.25.53, 762.38.42. Fax. 763.5239
Email fejv@cantv.net
http://www.editorialjuridicavenezolana.com.ve
ISBN:978-1-68564-727-8
Diseño de carátula: Alexander Cano

Impreso por: Lightning Source, an INGRAM Content company
para Editorial Jurídica Venezolana International Inc.
Panamá, República de Panamá.
Email: ejvinternational@gmail.com
Composición y montaje conforme a una diagramación

# TABLA DE CONTENIDOS

# PRÓLOGO

La difusión de la doctrina jurídica es el objetivo principal de la Editorial Jurídica Venezolana, la que ahora edita esta obra conjunta que comprende las Ponencias presentadas en el Foro realizado por la Escuela de Estudios Internacionales de la prestigiosa Universidad Peruana de Ciencias Aplicadas (UPC) sobre la Corte Penal Internacional y las Situaciones de Venezuela, un tema que sin duda reviste un particular interés jurídico, mas aun cuando la Fiscalía ha iniciado una investigación, la primera en relación con un país de la región, lo que nos obliga hacer una breve referencia introductoria a esta Obra prologada por y presentada por el Decano de la Facultad de Derecho, doctor Luis García Corrochano y el Director de la Escuela de Relaciones Interncionales, Rafael Casado Ledezma, de la joven institución peruana.

La lucha contra la impunidad por los horrendos crímenes que conmueven a la humanidad y su erradicación es sin duda el mayor compromiso asumido hoy por la comunidad internacional que ha tomado consciencia de que las atrocidades que se habían cometido y se siguen lamentablemente cometiendo en el mundo exigen el castigo de los responsables y la debida reparación de las víctimas.

A pesar de las dificultades y los obstáculos, la justicia internacional penal ha evolucionado a favor de esa lucha que tiene no sólo efectos sancionatorios y reparadores sino preventivos. El desarrollo normativo e institucional se ha fortalecido desde que a mediados del siglo XIX, después de crueles batallas de entonces, la de San Solferino de 1859 y las franco-prusianas de 1870/71 que inspiraron en 1872 al jurista suizo Gustav Moynier en su idea que de crear una corte permanente para castigar los crímenes de guerra cometidos entonces, una idea que se retomará en el Tratado de Versalles de 1919 para juzgar por crímenes internacionales al Emperador Guillermo II de Alemania, tras la primera guerra mundial, lo que lamentablemente no pudo ser instrumentado por la realidad jurídica de entonces, por la imposibilidad de aplicar el principio de legalidad para poder extraditar al Emperador, asilado en Países Bajos.

A pesar de las dificultades la idea de crear una instancia internacional continuó siendo objeto de reflexión en el período entre guerra, dando paso a la constitución, después de la segunda guerra mundial, de los tribunales de Nuremberg y de Tokio que conocerán los horrendos crímenes cometidos durante el conflicto en Europa y en el Lejano oriente y que marcarán definitivamente la pauta en el surgimiento del Derecho Internacional Penal.

Poco tiempo después, la Comisión de Derecho Internacional de las Naciones Unidas (CDI) aborda el tema y adopta los principios de Derecho Penal Internacional extraídos de los procesos de Nuremberg y de Tokio, fuente principal de ese nuevo Derecho que se perfecciona en el tiempo, e inicia a la vez el examen de la creación de una Corte Penal Internacional, esfuerzo que no avanzaría como esperado, por la realidad política de entonces caracterizada por la confrontación este-oeste que impedía acuerdos y consensos alrededor de los temas más relevantes de la agenda internacional.

Mas adelante, tras el desmembramiento la Unión Soviética luego de la caída del muro de Berlín, se abrirán nuevos espacios y momentos para avanzar en la idea de crear un tribunal para sancionar los crímenes internacionales más graves, lo que permitirá la creación por el Consejo de Seguridad de tribunales especiales, el de Yugoslavia en 1993 y el de Ruanda en 1994, para sancionar a los responsables de los crímenes que se habían cometido durante los conflictos armados en esos países, lo que habrá de fortalecer la idea de una instancia judicial permanente, con competencias definidas en sus Estatutos, a lo que había apostado la comunidad internacional antes, lo que favorece el proceso de creación del nuevo tribunal. A ello agregamos el avance experimentado con la creación de otros tribunales internacionales especiales, algunos híbridos e insertados en las estructuras judiciales de los países, como el Tribunal Especial para Kosovo, las Salas Especiales de los tribunales del distrito de Dili (Timor de Leste), las Salas Especiales en los tribunales de Camboya, el Tribunal Especial para el Líbano, el Tribunal Especial y el Tribunal Especial Residual para Sierra Leona que confirman la voluntad de la comunidad internacional de luchar contra la impunidad por la realización de estos crímenes.

El proceso de creación de la Corte Penal Internacional se remite a los trabajos de la Comisión de Derecho Internacional (CDI) que tras años de estudio elabora un Proyecto de Estatuto en 1994, un texto que servirá de base a los trabajos de la Asamblea General de las Naciones Unidas que constituye para su examen un Grupo de Trabajo primero, y una Comisión Preparatoria después, que elaborará el Proyecto de Estatuto que habría de considerar la Conferencia de Plenipotenciarios de Roma, en junio-julio de 1998.

La adopción del Estatuto de Roma no fue un ejercicio diplomático sencillo. Muchos factores se conjugaron. Sistemas jurídicos distintos: el anglo sajón y el continental, una doctrina no totalmente coincidente, además de los intereses políticos de los países estuvieron presentes en este proceso, más en la Conferencia de Roma que tenía que adoptar entonces el Estatuto en el que se funda la Corte Penal Internacional como órgano juridicial internacional y como organización internacional con capacidad jurídica y personalidad internacional propias.

Un avance importante, una respuesta a las atrocidades que se cometían y se siguen cometiendo en el mundo, la Corte Penal Internacional es uno de los espacios jurisdiccionales ante los cuales determinados crímenes pueden ser sometidos para procesar y castigar a los responsable, lo que no excluye que ante la necesidad de combatir y erradicar la impunidad por los crímenes que afectan a la humanidad en su conjunto, otros espacios jurisdiccionales penales puedan también funcionar, en particular, los tribunales nacionales cuando están facultados para conocerlos con base en el principio de la jurisdicción universal o cuando estos mismos proceden a aplicar extraterritorialmente su legislación nacional, ante determinados crímenes que afectan los intereses de la comunidad internacional, siempre de conformidad con el Derecho Interno y el Derecho Internacional Público.

La Corte Penal Internacional es una jurisdicción complementaria de las jurisdicciones penales nacionales como se destaca en el Preámbulo del Estatuto y se precisa en su artículo 1 que dice que "será una institución permanente (...) y tendrá carácter complementario de las jurisdicciones penales nacionales." Su objetivo es, recogiendo lo expresado el Preámbulo del

Estatuto, combatir y reprimir los crímenes más grave de trascendencia para la comunidad internacional en su conjunto no deben quedar sin castigo.

El Estatuto de Roma es un texto complejo, no exento de lagunas e imprecisiones que la doctrina y la misma jurisprudencia y práctica de la Corte han venido llenando y moldeando, lo que exige muchas veces su interpretación justa para su aplicación y efectividad. La Corte Penal Internacional no es una institución creada ex post facto como necesariamente tuvieron que crearse los tribunales penales internacionales anteriores, ya referidos. La Corte es la concreción de una institución permanente que fortalecerá la lucha contra la impunidad por los crímenes internacionales de mayor trascendencia, competencia material determinada en el artículo 5 de su Estatuto: el genocidio, los crímenes de guerra, los crímenes de lesa humanidad y el de agresión, este último definido en etapa posterior de revisión del Estatuto, en la Conferencia de Kampala de mayo/junio de 2010.

La academia ha jugado un papel fundamental en la divulgación del Estatuto, de sus principios, de las reglas de funcionamiento de la Corte, de sus aspectos materiales que conforman la competencia en este ámbito, como lo muestra la UPC que organizó el Foro **La Corte Penal Internacional y las Situaciones sobre Venezuela**, en noviembre de 2020, para examinar la situación de Venezuela ante la Corte, para lo cual invitó a prominentes juristas iberoamericanos, profesores de Derecho Internacional, quienes abordaron con profundidad temas fundamentales, con especial referencia a la Situación I de Venezuela, en Examen Preliminar entonces, hoy en fase de investigación formal y todo ello, siempre, desde un riguroso punto de vista académico. Victor Rodríguez Cedeño presenta en forma general las dos Situaciones (I y II) objeto de Examen Preliminar entonces, la procedencia y la improcedencia del inicio de la investigación; Soranib Hernández de Deffendini analiza en su Exposición el criterio de complementariedad en relación con la Situación I, en concreto, la compatibilidad entre los parámetros de la Fiscalía de la Corte, el Estatuto y los derechos humanos; Antonio Pastor Palomar aborda el tema comisión de los crímenes de lesa humanidad en el marco de la Situación I; Blas Imbroda Ortiz se refiere a los crímenes cometidos desde 2014, en particular, a la pruebas y las evidencias en el proceso, siempre en el marco de la Situación; Milagros Betancourt Catalá nos presenta el tema de la prevención de los crímenes internacionales y el papel de la Corte Penal Internacional; y Thairi Moya Sánchez, la normativa venezolana y la responsabilidad del superior a la luz del Estatuto de Roma, temas todos que deben ser considerados para comprender mejor las Situaciones ante la Corte, en relación con Venezuela, centrándose en la Situación I toda vez que como ellos mismos señalan, no se abriría una investigación formal, tras el Examen preliminar que realiza la Fiscalía a solicitud de Venezuela. El material producto de este esfuerzo académico fue transmitido en su oportunidad como un aporte al proceso en curso, a la Fiscalía de la Corte.

Hoy, sin embargo y eso motiva esta reflexión preliminar, el estado de la Situación de Venezuela I ha cambiado tras la decisión anunciada el 3 de noviembre de 2021 por el Fiscal Karim Khan de cerrar el Examen Preliminar iniciado en febrero de 2018 por su propia iniciativa y por la remisión efectuada meses más tarde, en noviembre de 2018, por siete Estados partes y de iniciar la investigación formal de conformidad con el articulo Estatuto, como se recoge en el Acuerdo de Cooperación suscrito entre la Fiscalía y el Estado venezolano en esa oportunidad. Este proceso se abre y busca fundamentalmente investigar los hechos, establecer la verdad, esencial además a todo proceso político y más en épocas de transición, sancionar a los autores y reparar a las víctimas de los crímenes cometidos al menos desde 2017, para lo cual se tomaron en cuenta los diversos Informes elaborados de manera objetiva y bien fundamentada órganos internacionales, organizaciones no gubernamentales y los testimonios de testigos y víctimas de tales crímenes.

Se abre un proceso complejo, como dije, regulado por el Estatuto y las Reglas de Procedimiento y Prueba que permiten las actuaciones de los Estados, el territorial, Venezuela en este caso; de los Estados remitentes, de la Fiscalía, de la Sala de Cuestiones Preliminares y de la Sala de Apelación, como también de las personas denunciantes y de las víctimas. La decisión del Fiscal de abrir la investigación puede ser impugnada por Venezuela, lo que deberá decidir la Sala, aceptando tal recurso o rechazándolo, lo que también podría permitir la apelación por el Estado territorial que deberá demostrar que la justicia nacional funciona y que se están investigando los hechos y procesando a los principales responsables de tales crímenes, tal como previsto en los artículos 18 y 19 del Estatuto entre otros, siempre en relación con la competencia de la Corte y la admisibilidad de los casos. En todo caso, se inicia una nueva etapa que conduce a la aplicación de la justicia internacional.

El Estatuto de Roma se firmó hace 23 años y la Corte funciona desde hace 20. Un sueño hecho realidad gracias al empeño de la comunidad internacional, de la academia, de la sociedad civil siempre presente en el proceso de creación del tribunal, vigilante permanente de sus actividades, lo que no quiere decir que ella ha sido tan eficaz y eficiente como esperaban los negociadores del Estatuto. Lamentablemente, la realidad nos muestra que las imprecisiones, las dilaciones procesales, los tiempos han afectado esa efectividad lo que ha sido expresado en grupos de expertos y especialistas que han llamado la atención sobre las debilidades que lejos de condenarlas debemos a través de la critica valorarlas para que el aun nuevo tribunal pueda ejercer a cabalidad su función.

La justicia penal es la esperanza de la humanidad. Es la esperanza de los pueblos que han sufrido las atrocidades y los desvíos del poder. Mas que una idea la justicia penal internacional es hoy una realidad. Los esfuerzos académicos e institucionales como este que ha organizado la UPC de Lima son esenciales para hacer de ella una justicia creíble, eficaz y reconocida que no solo busque la sanción y la represión por esos crímenes, sino que cumpla con el carácter preventivo intrínseca a ella misma.

La enseñanza y la difusión del Derecho Internacional, de su desarrollo normativo y del funcionamiento de sus instituciones es un compromiso de la academia que su apoya en instituciones como la Editorial Jurídica Venezolana (EJV), Fundación sin fines de lucro que ocupa un lugar importante en el mundo editorial a nivel global, a la que agradecemos la coedición de esta obra, de manera especial a su director, el doctor Allan-Randolph Brewer Carias.

**Dr. Simón Pedro Deffendini Silva,**
Profesor Asociado Universidad Rey Juan Carlos
y de la Universidad Carlos III de Madrid

# PRÓLOGO

La carrera de Relaciones Internacionales de la Universidad Peruana de Ciencias Aplicadas (UPC) fijó, dentro de sus metas desde su nacimiento en 2020, la creación de un espacio para la reflexión, análisis y debate académico destinado a abordar todos aquellos temas relevantes del acontecer y la agenda internacional.

En el mes de noviembre de 2020, la UPC junto a la Universidad española Alfonso X El Sabio organizaron dos seminarios virtuales, en los cuales prestigiosos juristas, tanto del continente americano como de Europa, ofrecieron su parecer jurídico sobre el *Caso Venezuela*: "Examen Preliminar en atención a los supuestos crímenes perpetrados en Venezuela desde al menos abril de 2017", materia que actualmente se encuentran en estudio por parte de la Corte Penal Internacional. En noviembre de 2021, el fiscal de la Corte Penal oficializó el pase de la fase de examen preliminar a la apertura de una investigación formal sobre los presuntos crímenes cometidos en Venezuela desde 2017, en el contexto de manifestaciones y disturbios políticos.

La Corte, primer tribunal internacional de carácter permanente encargado de juzgar a los responsables de crímenes contra la humanidad, de genocidio y de crímenes de guerra, entró en vigor el 1 de julio de 2002. El Examen preliminar, regulado por normas internas adoptadas por la Fiscalía, órgano de la CPI, permite a dicha oficina examinar las situaciones para determinar si hay razones fundadas para considerar que se han cometido crímenes internacionales, si ellos son objeto de la competencia de la Corte y si en definitiva son admisibles y, con base en ello, establecer la responsabilidad penal individual internacional de los autores.

En aras de fortalecer la máxima y joven instancia judicial universal, así como coadyuvar al desarrollo y perfeccionamiento del derecho internacional, la UPC envió a la Corte Penal Internacional, en mayo de 2021, las ponencias de los prestigiosos juristas participantes en los seminarios de noviembre de 2020.

Las reflexiones y debates en torno al conocimiento, eventos actuales y nuevos postulados sobre la temática internacional constituyen la esencia y guía que impulsa el andar de la carrera de Relaciones Internacionales de la UPC y sobre ese andamiaje continuaremos realizando actividades académicas en procura de un mundo mejor, donde prevalezcan los valores universales de paz, justicia e igualdad.

**Rafael Casado Lezama**
Director Académico de la Carrera de Relaciones Internacionales
Universidad Peruana de Ciencias Aplicadas (UPC)

# PRESENTACIÓN

¿Por qué organizar una actividad sobre la Corte Penal Internacional y por qué es muy importante?

Primero, por orden de importancia es que la situación de Venezuela es una situación crítica, de preocupación no solamente para todo el continente, sino para todo el mundo; y segundo, porque es importante relevar el papel que viene cumpliendo un tribunal internacional de relativamente reciente creación, pero de una gran importancia y trascendencia por lo que implica su visión a nivel internacional.

Recordemos que el intento de crear un tribunal internacional o las nociones al respecto a la creación de un tribunal internacional que precisamente pudiera juzgar crímenes contra las personas tanto en tiempos de guerra como crímenes que se cometieran en tiempos de paz viene de muy antiguo. Es casi prácticamente concomitante con la creación del Comité Internacional de la Cruz Roja, proyecto cofundado por el profesor Gustave Moynier, a fines del siglo xix.

El siglo xx es, como muchos autores lo han resaltado, el siglo de la barbarie. La intensidad de los conflictos armados internacionales, su extensión y el gravísimo daño ocasionado en la vida de millones de seres humanos llevó a retomar esta iniciativa al término de la Segunda Guerra Mundial y encargarle a la Comisión de Derecho Internacional de las Naciones Unidas la iniciativa de la creación de un tribunal penal internacional. Esta iniciativa tuvo sus avances y retrocesos porque, ciertamente, siempre está de por medio el celo de los estados nacionales a verse comprometidos a comparecer ante la comunidad internacional, a responder por actos que debieron prevenir o incluso aquellos que debieron sancionar, como efectivamente se daba antiguamente cuando las sanciones provenían de los propios estados al término de un conflicto, pero estas distaban mucho de tener el rigor y la proporcionalidad relativas a los actos criminales cometidos durante el transcurso de un conflicto armado.

En la búsqueda de un criterio objetivo, obviamente, el camino o la solución inmediata casi de emergencia o circunstancial adoptada al término de la Segunda Guerra Mundial de tribunales especiales ad hoc, de vencedores para juzgar a vencidos, no era el camino para institucionalizar una justicia internacional objetiva. El camino claramente era crear un tribunal internacional que pudiera juzgar, de manera independiente y sobre la base de normas claramente preestablecidas, acciones concretas en situaciones complejas.

El horror del fin de siglo con el conflicto de los Balcanes por la disolución de la ex-Yugoslavia y el también sorprendente y lamentable genocidio producido en Ruanda, una atrocidad que pasó ante la vista y paciencia de toda de la comunidad internacional, que poco o nada hizo por impedir la situación que se produjo, terminó generando la creación de tribunales penales ad hoc, pero esta vez creados bajo el consenso de las Naciones Unidas.

Esto sirvió para acelerar el proceso de creación de la Corte Penal Internacional, institución sobre la cual los Estados ya venían discutiendo durante mucho tiempo y que concluye con la aprobación del Estatuto de Roma y la creación de este tribunal, que está encargado de juzgar una serie de situaciones o de crímenes que son violaciones del derecho internacional humanitario, producidas en distintas circunstancias y que recoge además la intención que ya tuvieron otros instrumentos internacionales que tenían prevista la creación de una instancia internacional, pero que no llegaron a concretarse, como fue el caso de la Convención contra el Genocidio o la Convención contra la Tortura.

La Corte Penal Internacional concreta un viejo anhelo del derecho internacional de tener una justicia internacional objetiva, que cumpla con todos los estándares de un estado de derecho internacional garantista para poder juzgar y condenar la comisión de crímenes internacionales. Si bien empezó analizando situaciones de violencia internacional y crímenes que se produjeron en determinadas latitudes, específicamente en el continente africano, la Corte Penal Internacional, que ya ha sido renovada en su composición, que ya ha empezado a sentar una jurisprudencia y que ha tenido el valor de llegar incluso a procesar a jefes de Estado, cosa que siempre se dijo que el derecho internacional no podía ser jamás una inmunidad ni una excusa para el procesamiento de un criminal internacional, pero que la justicia internacional había sido demasiado tímida frente a esta situación, la Corte Penal Internacional ya puso una "pica en Flandes", y advirtió que en ninguna circunstancia hay condiciones eximentes por ejercicio de un cargo público para permitir la violación del derecho internacional humanitario y la comisión de crímenes internacionales.

La situación actual que vamos a analizar con la colaboración de los profesores invitados es una específica y muy grave. No voy a adelantarme ni en mi opinión, ni tampoco por cierto en la evaluación sobre los actos de la Corte, porque esto tiene que ser como pretende este Foro, objeto de un detallado análisis académico. Aquí no estamos tomando partido o posición, estamos viendo una situación objetiva y estamos analizando las posibilidades de sanción de algo que está perjudicando y dañando la vida de millones de compatriotas latinoamericanos y viendo cuáles son los mecanismos que el derecho internacional ha previsto para evitarle a los pueblos, a los ciudadanos, a las personas el tener que pasar por estas situaciones tan trágicas, tan dramáticas y tan penosas.

Agradezco mucho a la carrera de Relaciones Internacionales, coorganizadora de este foro, por la oportunidad de acoger esta importante e interesante discusión doctrinal sobre un aspecto muy vigente y concreto del derecho internacional público, así como también a los demás expositores, quienes han hecho posible abordar integralmente un tema de gran actualidad desde distintas ópticas, perspectivas y visiones.

**Profesor Luis Alfonso García Corrochano**
Decano de la Facultad de Derecho de la
Universidad Peruana de Ciencias Aplicadas, de Lima (Perú)

# CAPÍTULO I
# Situaciones en consideración por la Fiscalía en el marco del Examen Preliminar: procedencia e improcedencia del inicio de una investigación formal.

Víctor Rodríguez Cedeño

## Sumario

Introducción. 1. El valor de los informes y documentos emitidos por órganos internacionales. 2. La no acumulación de las situaciones en la fase preliminar. 3. La obligación de prevenir crímenes internacionales en el contexto de la responsabilidad para proteger. La Situación II: La remisión del Estado por la realización de crímenes de lesa humanidad debido a las medidas coercitivas unilaterales adoptadas por Estados Unidos. El vínculo jurisdiccional y la competencia material: la legalidad o ilegalidad de las sanciones individuales impuestas por los Estados Unidos. Sobre la inadmisibilidad en el contexto de la Situación II. Conclusiones.

# Introducción

1. Me refiero en esta nota introductoria del foro, a las Situaciones de Venezuela en la Corte Penal Internacional actualmente objeto de Examen Preliminar por la Fiscalía, la primera, iniciada por la misma Fiscalía *motu propio* (artículo 15 del Estatuto de Roma) y por remisión de un grupo de Estados Partes en el Estatuto por la realización de crímenes de lesa humanidad que se habrían cometido en el país desde 2014 (Situación I), con base en el artículo 13-a y 14 del mismo texto; y, la segunda, en relación con al autoremisión efectuada por Venezuela por los efectos de las "medidas coercitivas unilaterales" impuestas "primordialmente por Estados Unidos, en contra de la población venezolana que constituirían, a su juicio, crímenes de lesa humanidad".

2. La situación en Venezuela (I), sobre lo cual la Fiscalía ha sido informada por diversas vías y fuentes desde hace varios años, ha estado en Examen Preliminar desde el 8 de febrero de 2018. Primero, la Fiscalía consideró que examinaría los hechos acontecidos desde 2017. Más tarde, extiende al 12 de febrero de 2014 el periodo para el Examen Preliminar, tal como fue solicitado por el Grupo de Estados Partes del Estatuto que remite la situación, "a fin de determinar si se ha de acusar de la comisión de tales crímenes a una o varias personas determinadas".

3. Es claro que el Examen Preliminar es una fase esencial en el proceso ante la Corte. Es una etapa en la que, en varias fases, se va a determinar si ella es competente, si se dan las condiciones para el ejercicio complementario de su jurisdicción y si, en definitiva, el inicio de una investigación afecta los intereses de la justicia, un concepto, por cierto complejo, que abarca cuestiones diferentes: procesos de paz o negociaciones en curso o los intereses de la justicia que no se aplicarían en este contexto. También se relaciona con los intereses de las víctimas. Si bien el Examen Preliminar tiene algún efecto disuasorio, es el inicio de la investigación y la definición de casos acompañados de órdenes de detención, y de citaciones y otras actuaciones judiciales,

lo que tendría un mayor impacto en el plano interno de los países. Lamentablemente, y esta es una apreciación general, el sistema actual no ha resultado muy eficaz, lo que ha sido objeto de constante preocupación, ahora en el Grupo de Expertos Independientes para la revisión de la CPI y el sistema del Estatuto de Roma, creado por la Asamblea de Estados Partes que ha adoptado 345 recomendaciones. Algunas tienen relación con los Exámenes Preliminares, y otras, con acelerar los exámenes y limitarlos incluso, como se ha sugerido, a dos años.

## 1. El valor de los informes y documentos emitidos por órganos internacionales

4.  La Fiscalía debía considerar en la fase de Examen Preliminar, para determinar la admisibilidad, además de la información recibida de distintas fuentes, una serie de informes relativos a la situación de los derechos humanos en Venezuela, entre otros, el informe de la Secretaría General de la Organización de los Estados Americanos (OEA) sobre la posible comisión de crímenes de lesa humanidad en Venezuela. A estos documentos deberían agregarse otros importantes informes, en particular, el Informe de la Oficina del Alto Comisionado de las Naciones Unidas para los Derechos Humanos, de 2018; y, el más reciente informe de la Misión Independiente de Determinación de Hechos del Consejo de Derechos Humanos, del 16 de setiembre de 2020 cuyas conclusiones y recomendaciones "son consistentes con lo contenido en el Informe de la Secretaría General de la OEA y del Panel de Expertos Internacionales Independientes sobre la Posible Comisión de Crímenes de Lesa Humanidad en Venezuela del 30 de mayo de 2018"[1].

5.  Si bien como lo dice la misma Misión de Determinación de Hechos, el estándar de la prueba (motivos razonables para creer) "es inferior al que se requiere en los procedimientos penales para sostener una acusación, [...] es suficientemente alto para indicar que se justifica la

---

1   Comunicado de la Secretaría General de la OEA, del 16 de septiembre de 2020, C-096/20.

realización de ulteriores investigaciones"[2] resulta incuestionable la relevancia de las Conclusiones y Recomendaciones de los Órganos/ Procedimientos del Consejo de Derechos Humanos (Relatorías/ Expertos) y de las Misiones Independientes para Determinación de Hechos del Consejo de Derechos Humanos de la ONU, como lo ha destacado la Corte Internacional de Justicia (CIJ), en particular, en su Ordenanza del 23 de enero de 2020, en relación con las medidas provisionales adoptadas en el marco de la controversia que opone a Gambia de Myanmar sobre la *Aplicación de la Convención sobre la prevención y el castigo del crimen de genocidio*[3] en la que sin calificar tales informes los toma en cuenta como fundamento para su conclusión.

6. La CIJ señala, en efecto, en esta Ordenanza, al aceptar que "los informes de Naciones Unidas constatan los grandes sufrimientos de las numerosas víctimas de la tragedia de Myanmar" que

> la Corte toma en cuenta la Nota verbal de Gambia del 11 de octubre de 2019 en la cual, al referirse a los Informes de la Misión de Determinación de Hechos [...] La Corte observa que esta Nota verbal mencionaba específicamente los Informes de la Misión [...] en vista de la gravedad de las alegaciones formuladas en el Informe[4].

7. La importancia de estos textos también ha sido constatada por los jueces en sus Opiniones Individuales en relación con esta misma Ordenanza. La juez Xue indicó en ese sentido que "incluso, si en esta fase la Corte no podía proceder al establecimiento de los hechos [...] el contenido de dichos informes no podía ser ignorado"[5]. Y, por su parte, el juez Cancado Trindade por su parte afirma que

> en su demanda [...] Gambia se refiere a: a) dos informes establecidos por la misión internacional independiente [...] y b) tres informes de los Relatores Especiales del Consejo de Derechos Humanos [...] que contienen

---

2    Informe de la Misión Independiente de Determinación de Hechos del Consejo de Derechos Humanos, documento A/HRC/45/33, párrafo 11.

3    Ordenanza del 23 de enero de 2020.

4    Párrafo 28 de la Ordenanza del 23 de enero de 2020.

5    Opinión Individual de la jueza Xue, adjunta a la Ordenanza del 23 de enero de 2020, párrafo 9.

elementos de prueba de una discriminación continua y de un posible genocidio[6].

## 2. La no acumulación de las situaciones en la fase preliminar

8. La Presidencia de la Corte, a instancias de la Fiscalía, había asignado la Situación I a la Sala de Cuestiones Preliminares I, el 28 de setiembre de 2018. Más tarde, una vez recibida la remisión del Estado venezolano, el 13 de febrero de 2020, la Fiscalía informó a la Presidencia y sugirió que las dos Situaciones que "parecen superponerse geográfica y temporalmente"[7] se asignaran a la Sala de Cuestiones Preliminares, por lo que la Presidencia las asignó a la Sala de Cuestiones Preliminares III. Su decisión no puede significar, vale precisar, la acumulación formal de ambas Situaciones, pues es evidente que se trata de "situaciones" muy distintas no solo en cuanto a los crímenes de que se trata, sino en relación con el establecimiento de responsabilidades. La misma fiscal, en su declaración del 13 de febrero de 2020 en relación con la remisión de Venezuela, destacó que "su observación se hizo sin perjuicio de una determinación posterior sobre si el alcance de ambas situaciones está suficientemente vinculado para constituir una sola situación"[8].

9. Una acumulación procesal, incluso en la fase del Examen Preliminar, lejos de favorecer el tratamiento de esta cuestión, podría más bien acarrear una dilación injustificada e inconveniente, que podría afectar de manera importante el objetivo que debería perseguir la Corte como jurisdicción internacional penal: investigar, procesar y castigar a los responsables de crímenes internacionales objeto de su competencia.

10. La Fiscalía anunció que para comienzos del 2020[9] concluiría la fase del Examen Preliminar relativa a la competencia material, para lo cual

---

6    Opinión Individual del Juez Cansado Trindade, adjunta a la Ordenanza del 23 de enero de 2020, párrafo 16 de su Opinión Individual.

7    Documento ICC-02/18, del 19 de febrero de 2020.

8    Declaración de la fiscal de la Corte, del 17 de febrero de 2020, portal de la CPI.

9    Informe sobre las "Actividades (de la Fiscalía) sobre Examen Preliminar, de 2019, publicado el 5 de diciembre de 2019 (párrafo 81).

consideraría información proveniente de distintas fuentes[10], lo cual, lamentablemente, no ha ocurrido. Si bien el Estatuto ni los demás reglamentos y textos de la Corte fijan plazos para el inicio y el termino de un Examen Preliminar, la Fiscalía en el caso de la Situación 1 en particular ha incurrido en un retardo, en nuestra opinión injustificado, que debilita la imagen de la Corte que se concibe como una institución para luchar eficazmente contra la impunidad y prevenir, al mismo tiempo, la realización de crímenes internacionales que chocan con la conciencia de la humanidad como se expresa en el mismo Estatuto del tribunal, lo que ha sido denunciado por defensores de los derechos humanos en Venezuela, quienes han expresado su preocupación por la situación en ese país y por la inacción de la Fiscalía.

## 3. La obligación de prevenir crímenes internacionales en el contexto de la responsabilidad para proteger

11. La obligación de prevenir los crímenes internacionales, en especial, en el contexto de Venezuela, crímenes de lesa humanidad, a lo que se referirán los ponentes con mayor detalle más adelante, no solamente se desprende del mismo Estatuto de Roma, sino de la aplicación del principio de la Responsabilidad de Proteger (R2P). Es un principio que impone un deber a la comunidad internacional, la Corte Penal Internacional, evidentemente, representativa de ella en este contexto, tal como está enunciado en los Informes del Secretario General de las Naciones Unidas, en particular, en los párrafos 138 y 139 del Documento Final de la Cumbre Mundial de 2005, aprobado

---

10   En el mismo informe se precisa que para finales de 2019 habría casi concluido "su examen relativo a la competencia material". En particular, la Fiscalía ha analizado múltiples comunicaciones con arreglo al artículo 15, junto con información de fuentes públicas, incluidos informes de organizaciones de la sociedad civil y think-tanks venezolanos e internacionales, la Oficina del Alto Comisionado de las Naciones Unidas para los Derechos Humanos (ACNUDH), el Grupo de Trabajo de las Naciones Unidas sobre la Detención Arbitraria, la Comisión Interamericana de Derechos Humanos y la Organización de los Estados Americanos (OEA) (párrafo 83 del Informe).

ulteriormente por la Asamblea General de las Organización[11] y referido en algunos otros textos de los distintos órganos de la organización.

12. Si bien una norma de derecho internacional consuetudinario no se ha cristalizado aún, el principio expresa una obligación de la comunidad internacional de actuar para proteger a las poblaciones sometidas a violaciones masivas de derechos humanos, sistemáticas y generalizadas, como es el caso de Venezuela, que constituirían crímenes de lesa humanidad. Por lo tanto, es objeto de su competencia material y no solamente prevenirlas, sino para procesar y castigar a los autores de tales crímenes.

13. Es lamentable que la Fiscalía, en una suerte de retardo procesal, no haya adoptado una decisión favorable al inicio de una investigación formal en relación con la Situación I, objeto del Examen Preliminar, con lo que no considera que hay razones fundadas y suficientes para concluir que en Venezuela se están cometiendo crímenes de lesa humanidad, lo que tendría un efecto preventivo y sancionador. La documentación y el nivel probatorio de las declaraciones, testimonios y otros muestran que en Venezuela se están cometiendo crímenes de lesa humanidad que deben ser investigados no solo para sancionar a los responsables, sino para prevenirlos.

14. Los informes elaborados por organizaciones y órganos internacionales antes citados, así como por grupos de reflexión del país y organizaciones no gubernamentales nacionales y extranjeras, evidencian en efecto esta realidad que parece no encontrar una respuesta adecuada y efectiva de parte de la Fiscalía de la Corte. El último informe, presentado por la Misión Independiente de Determinación de Hechos establecida por el Consejo de Derechos Humanos de la ONU, en setiembre de 2020, elaborado en base a una meticulosa metodología y a "fuentes de información directas fiables y creíbles", por un grupo de expertos independientes e imparciales, designados por el mismo Consejo, cuyo mandato ha sido renovado justificadamente por decisión adoptada por la mayoría de los Estados miembros del Consejo, en octubre de 2020, resulta, sin duda, una evidencia fundamental, a la cual se referirán otros ponentes en este Foro. Su importancia es capital en el proceso del Examen y en

---

11    Resolución de la Asamblea General 60/1, 2005.

la decisión que debería adoptar oportunamente la Fiscalía en relación con esta situación. En relación con ello, la Misión de Determinación de Hechos del Consejo de Derechos Humanos recomendó que "la Fiscalía de la Corte Penal Internacional tenga en cuenta la necesidad de que se haga justicia oportunamente a las víctimas de los crímenes investigados por la Misión y a los que están bajo su consideración"[12].

15. La Fiscalía deberá examinar en su oportunidad los aspectos relacionados con la admisibilidad y los intereses de la justicia. En el contexto de la admisibilidad deberá considerar la no disposición o incapacidad de los órganos de justicia de investigar y procesar a los responsables de estos crímenes, una obligación primordial del Estado que precede el ejercicio de la jurisdicción complementaria de la Corte Penal Internacional. La Misión de Determinación de Hechos recomendó en ese sentido:

> Realizar inmediatamente investigaciones rápidas, eficaces, exhaustivas, independientes, imparciales y transparentes de las violaciones de los derechos humanos y los delitos descritos en el presente informe, haciendo que los autores rindan cuentas de conformidad con las normas internacionales de derechos humanos y proporcionando justicia para las víctimas.

## La Situacion II: La remisión del Estado por la realización de crímenes de lesa humanidad debido a las medidas coercitivas unilaterales

16. En relación con la Situación II que examina la Fiscalía en el marco del Examen Preliminar que se inicia al recibir la remisión efectuada por Venezuela en base al artículo 14-1 del Estatuto, debemos formular algunos comentarios más precisos sobre la jurisdicción y la admisibilidad de una cuestión que podría llevar al inicio de un proceso para determinar la realización de determinados crímenes de lesa humanidad, derivados de las "medidas unilaterales coercitivas" impuestas "primordialmente por los Estados Unidos".

---

12  Párrafo 65 del Informe, documento A/HRC/45/33.

17. A juicio del Estado venezolano, tales medidas unilaterales, adoptadas por los Estados Unidos, en realidad de manera personalizada en contra de funcionarios del régimen de Venezuela y otras de alcance más general, comprometerían la responsabilidad penal internacional individual de funcionarios de la administración de los Estados Unidos, por la realización de crímenes de lesa humanidad.

18. Para el Estado venezolano las "medidas coercitivas unilaterales" son contrarias al derecho internacional que "protege a los Estados de intervenciones extranjeras en sus asuntos internos". Considera en sus escritos el Estado venezolano que

> las mismas han causado una enorme calamidad para la población civil de Venezuela y han contribuido a aumentar [...] la mortalidad de niños, niñas y adolescentes, así como ha afectado negativamente una gama de otros derechos humanos, incluyendo el derecho a la alimentación, a la atención médica y a la educación, ocasionando [...] un fenómeno migratorio hacia el exterior [...]. Dichas medidas coercitivas unilaterales, de una escala sin precedentes, constituyen un ataque generalizado o sistemático contra la población civil. Están descritos [...] por los subpárrafos del artículo 7 del Estatuto de Roma. Por lo tanto, equivalentes a crímenes de lesa humanidad[13].

19. En relación con ello, debemos referirnos a la competencia de la Corte y a las cuestiones relativas a la admisibilidad que debe considerar la Fiscalía en su Examen Preliminar, en particular, la legalidad y legitimidad de tales medidas, su relación con el deber de los Estados y de la comunidad internacional de exigir a aquellos países que violan de manera grave normas fundamentales de derecho internacional y la imposibilidad de que tales medidas puedan constituir crímenes de lesa humanidad, según el Estatuto de Roma.

---

13    Documento ICC-01/20-4-Anexo II, del 4 de marzo de 2020.

## El vínculo jurisdiccional y la competencia material: la legalidad o ilegalidad de las sanciones individuales impuestas por los Estados Unidos

20. Respecto a la primera cuestión, es evidente que la Corte podría ser competente para conocer esta Situación toda vez que Venezuela es parte del Estatuto de Roma y que los crímenes alegados se habrían cometido después que este entrara en vigor y que Venezuela lo ratificara. El hecho de que Estados Unidos no sea parte del Estatuto no plantearía un problema de jurisdicción, toda vez que el vínculo jurisdiccional reposaría en el hecho de que los crímenes se han cometido en el territorio venezolano, lo que determinaría su competencia, independientemente de que los presuntos responsables sean nacionales de un Estado no parte del Estatuto. Este es un hecho similar al que se ha planteado con la Situación de Palestina, en Examen Preliminar actualmente por la Fiscalía y en el que los crímenes se habrían cometidos en el territorio de un Estado Parte, como lo es Palestina, parte del Estatuto de Roma, a pesar de las opiniones diversas en cuanto a la condición de Estado de esa entidad, un tema que consideró, a solicitud de la misma Fiscalía, una Sala de Cuestiones Preliminares de la Corte. En este caso Israel, al igual que los Estados Unidos, no es parte del Estatuto lo que, si bien no afectaría la competencia, al establecerse el vínculo territorial de jurisdicción, la función de la Corte tendría limitaciones importantes al, seguramente, no contar con la cooperación de los Estados no Partes.

21. Después de determinar su competencia, en el proceso del Examen Preliminar, la Fiscalía deberá cerciorarse de que las sanciones individuales y de cualquier naturaleza y alcance adoptadas "primordialmente por los Estados Unidos" son contrarias al derecho internacional y luego si ellas constituyen un crimen de lesa humanidad, de acuerdo con el Estatuto. Además, tales medidas unilaterales han provocado la muerte de civiles que contrariamente han sufrido la persecución política y una crisis humanitaria sin precedentes originada por las erradas políticas del régimen venezolano que ha hecho que más de cinco

millones de venezolanos se hayan visto a forzados a dejar el país, para salvaguardar sus vidas.

22. La legalidad y la legitimidad de las sanciones o medidas unilaterales impuestas por los Estados Unidos a funcionarios de la administración venezolana y al mismo Estado constituye uno de los aspectos más debatidos por la doctrina internacional. A juicio de muchos, lo que compartimos, la comunidad internacional puede y debe actuar ante un Estado que cometa violaciones generalizadas o sistemáticas graves en contra de una población, como es el caso de Venezuela, reflejado y comentado antes en relación con la Situación I, en una suerte de *actio populris*, ante la violación grave de normas fundamentales del derecho internacional. No se pueden confundir las "medidas unilaterales" impuestas por un Estado o un grupo de Estados para intentar cambiar el sistema político o el modelo económico o social de otro, con las "medidas unilaterales" autorizadas por el derecho internacional en contra de un Estado que comete crímenes internacionales, en particular, en este caso, de lesa humanidad, con el fin de lograr el cese de tales violaciones y en consideración de la responsabilidad que tienen los Estados y la comunidad internacional, de proteger a las poblaciones víctimas de crímenes internacionales.

23. En este sentido debemos considerar que el derecho internacional evoluciona constantemente y que en las últimas décadas se ha otorgado prioridad a la protección del individuo, habiéndose considerado que las normas de protección tienen un carácter superior, que son imperativas o del ius cogens y que, en consecuencia, conforman el orden público internacional, por lo que ningún Estado puede dejar de observarlas. Y, en ese caso, la comunidad internacional, un Estado, un grupo de ellos, un órgano internacional, en el marco de sus competencias, podría exigir al Estado que comete el hecho internacionalmente ilícito, el cese de la violación de la obligación. Es allí en donde principalmente encuentran las medidas unilaterales su fundamentación jurídica.

24. La legalidad de las medidas unilaterales, ante la violación sistemática y/o generalizada de los derechos humanos, es decir, de crímenes internacionales, no contradicen el principio de no intervención en los

asuntos internos de un Estado ni ninguna disposición de la Carta de las Naciones Unidas, ni de derecho internacional, en general.

## Sobre la inadmisibilidad en el contexto de la Situación II

25. Aunque la Corte pueda ejercer su jurisdicción, la cuestión planteada no podría ser admitida, pues los actos a los que se refiere la remisión están fuera de la competencia material establecida en el Estatuto, en particular en su artículo 7. Las medidas unilaterales acordadas no podrían constituir *per se* crímenes de lesa humanidad.

26. Por otra parte, relacionar las medidas unilaterales adoptadas por Estados Unidos y otros países, con la catástrofe humanitaria que afecta a Venezuela, tal como es reconocido por los órganos internacionales, incluso del sistema de las Naciones Unidas, asimilarla a la pobreza, al hambre, a la desnutrición, a la mortalidad infantil, a la muerte por falta de insumos médicos y de recursos hospitalarios, tiene una fundamentación exclusivamente política.

## Conclusión

27. En conclusión, considero, en primer lugar, que la Fiscalía debe adoptar prontamente la decisión de iniciar una investigación formal, para determinar la responsabilidad penal individual internacional de los autores de tales crímenes en el contexto de la Situación I, lo que responde a las exigencias de luchar contra la impunidad por crímenes internacionales y al llamado de órganos internacionales que han expresado que entidades como la Corte Penal Internacional "deberían considerar la posibilidad de emprender acciones legales contra los individuos responsables de violaciones y crímenes que la Misión de Determinación de los hechos identificó"[14].

28. Y, en segundo lugar, la Fiscalía debe de dar por terminado el Examen

---

14 Declaración de la señora Martha Valiñas, miembro de la Misión. Portal del Consejo de Derechos Humanos, 16 de septiembre de 2020, Venezuela: Informe de la ONU insta a la rendición de cuentas por crímenes de lesa humanidad.

Preliminar iniciado en relación con la Situación II, toda vez que los actos a los que se refiere la remisión efectuada por el Estado venezolano no constituyen crímenes de lesa humanidad, objeto de la competencia de la Corte.

# CAPÍTULO II
# Análisis del criterio de complementariedad en la Situación Venezuela I: de la compatibilidad entre los parámetros de la Fiscalía de la Corte Penal Internacional, el Estatuto de Roma, y los derechos humanos en la Situación Venezuela I.

Soranib Hernández de Deffendini

## Sumario

Introducción. 1. El principio de complementariedad a la luz del Estatuto de Roma. 2. La complementariedad en la Situación Venezuela I. 3. ¿Cuáles son los factores a considerar por parte de la Oficina de la Fiscalía de la Corte Penal Internacional para determinar la falta de voluntad y de capacidad en relación con la Situación Venezuela I en el análisis de la complementariedad? 4. La evaluación de la falta de capacidad en la Situación Venezuela I. La evaluación de la falta de voluntad en la Situación Venezuela I. Conclusión.

# Introducción

El Estatuto de Roma establece pautas para la activación de la jurisdicción complementaria de la Corte Penal Internacional, no obstante, de la práctica de la Oficina de la Fiscalía se advierte su operatividad bajo criterios discrecionales que establecen parámetros de acción o incluso de inactividad de esta jurisdicción penal internacional. El presente resumen persigue identificar los posibles parámetros de actuación o de inacción de la Corte en relación con la Situación Venezuela I.

# El principio de complementariedad a la luz del Estatuto de Roma

El principio de complementariedad se encuentra contenido en el párrafo 10 del preámbulo del Estatuto de Roma y sus artículos 17, 18, 19, 20 y 53. Se refiere a la preexistencia de aplicación indirecta del derecho penal internacional, con lo cual los Estados conservan íntegra su competencia. En este sentido, la obligación de investigación y persecución de los autores de los crímenes competencia de la CPI corresponde, en primer lugar, a los Estados, dado el deber de ejercer su jurisdicción para investigar y juzgar tales crímenes internacionales. Por tanto, la instancia de la Corte Penal Internacional es una jurisdicción de último ratio cuya competencia se activa solamente cuando se determina por una parte, cierto umbral de gravedad y, por la otra, la inacción total o la ineficiencia de las jurisdicciones nacionales, bien por falta de voluntad o de capacidad para procesar a los responsables de los crímenes internacionales establecidos en el Estatuto[15], con la finalidad de garantizar que los mismos no queden impunes.

En relación con el análisis sobre la falta de capacidad, la Oficina de la Fiscalía (OTP, en adelante por sus siglas en inglés) ha planteado que puede evaluar, entre otras cuestiones

la ausencia de condiciones de seguridad para testigos, investigadores,

---

15    CRYER, R., FRIMAN, H, ROBINSON, D y WILMHURST, E. *An Introduction to International Criminal Law and Procedure*, New York, Cambridge University Press, 2007.

fiscales o jueces, y la falta de sistemas adecuados de protección; la existencia de leyes o mecanismos que establezcan obstáculos para el desarrollo de procesos nacionales en los casos bajo estudio, tales como amnistías, inmunidades o prescripciones; o la falta de recursos adecuados para la conducción de investigaciones y judicializaciones efectivas[16].

Respecto a la evaluación sobre la falta de voluntad, la Oficina de la Fiscalía manifestó que contempla, entre otros aspectos

el alcance de la investigación y, en particular, si el enfoque está sobre las personas con mayor responsabilidad en la comisión de los crímenes más graves o si se encuentra sobre ejecutores fungibles o delitos menores; insuficiencia manifiesta de impulso de la investigación o de la acusación; distanciamiento de la práctica o de procedimientos establecidos; desconocimiento o valoración inadecuada de la prueba; acoso o persecución de víctimas, testigos o personal judicial; hallazgos de hecho que no son compatibles con los medios de convicción; destinación inadecuada de recursos a los procesos relevantes en comparación con la capacidad global (del sistema de justicia); y negativa a proporcionar información o a cooperar con la CPI[17].

Ahora bien, es conveniente subrayar que el artículo 17.2 del Estatuto faculta a la Corte Penal Internacional a ejercer su jurisdicción incluso cuando en sede nacional se haya juzgado o se esté juzgando el mismo caso, y se haya determinado que tales procesos carecen de una intención genuina de juzgar a los responsables. En consecuencia, existiendo procesos nacionales en curso, la CPI activará su jurisdicción de forma complementaria únicamente cuando los resultados internos no se consideren como legítimos según el criterio y los parámetros de gravedad y complementariedad en el análisis de la Oficina de la Fiscalía de la Corte.

Por otra parte, es de justicia destacar que al margen de las remisiones de situaciones que puede efectuar el Consejo de Seguridad de las Naciones Unidas a la Corte Penal Internacional, también existen otros casos que han generado excepciones al principio de complementariedad contenido en el ER, a saber, las autorremisiones de los Estados Parte, y la complementariedad positiva (distinta de la contenida en el artículo

---

17    *Ibídem*, párrafo 61.

17 ER) basada en el preámbulo y en el artículo 93 (10) del Estatuto. La OTP destacó que este principio se activa para "[...] estimular, cuando sea viable, investigaciones y acusaciones nacionales genuinas por parte de los Estados concernidos, y cooperar y proporcionar asistencia a esos Estados en desarrollo del artículo 93(10) del Estatuto"[18].

Si bien la referencia a todos los criterios supra conlleva un estudio más profundo que excede en demasía el objeto del presente resumen, lo enunciado resulta a todas luces ilustrativo de los elementos a considerar en la evaluación de los procedimientos destacados en las jurisdicciones nacionales para que el principio de la complementariedad adquiera validez. En tal sentido, los estándares y los criterios probatorios se irán adecuando conforme a la evolución tanto de los casos en sede nacional, como del examen por parte de los órganos de la Corte Penal Internacional. De esta evaluación se derivan los elementos que justifican el principio de complementariedad, que por una parte respalda la jurisdicción preeminente de las judicaturas nacionales, pero que también garantiza que la Corte procederá de forma independiente, imparcial y objetiva ante la perpetración de crímenes internacionales de su competencia.

## La complementariedad en la Situación Venezuela I

En la Situación Venezuela I, una vez superado el umbral de convencimiento para creer que se han cometido crímenes de lesa humanidad competencia de la Corte, la OTP debe, rigurosa y activamente, recopilar y analizar información que facilite la evaluación de la calidad de los procedimientos que se estarían llevando a cabo en la jurisdicción venezolana. Cabe destacar que esta práctica compleja precisa un vasto estudio de los casos, y que no se resuelve con la simple constatación de la existencia de procesos en curso. El análisis de la OTP debe valorar la calidad de tales procedimientos, y que los mismos obedezcan a los criterios de debido proceso y diligencia debida en la investigación penal.

## ¿Cuáles son los factores a considerar por parte de la Oficina de la Fiscalía de la Corte Penal Internacional para determinar la falta de voluntad y de capacidad en relación con la Situación Venezuela I en el análisis de la complementariedad?

En relación con la falta de capacidad, en primer lugar, sería necesario identificar si están en curso investigaciones sobre los presuntos responsables de la perpetración de crímenes de lesa humanidad o si, por el contrario, no se ha llevado a cabo ninguna investigación[19]. En este último supuesto, el caso sobre la Situación Venezuela I sería admisible sin necesidad de examinar la cuestión de la capacidad o la voluntad del Estado para investigar y sancionar. La falta de procesos en sede nacional, es decir, la inactividad de la judicatura venezolana, debería considerarse como elemento suficiente para la admisibilidad del caso. Téngase como referencia la práctica de la Corte Penal Internacional en el asunto *Katanga and Ngudjolo*[20] a la luz

---

19   En relación con la inactividad absoluta, no es necesario analizar la falta de voluntad o de capacidad. A tales efectos, véase CPI, Sala de Cuestiones Preliminares II, Decision Pursuant to Article 15 of the Rome Statute on the Authorization of an Investigation into the Situation in the Republic of Kenya, No.ICC-01/09, March 31, 2010, párr. 53 y 70. En otra situación, la Sala de Apelacion dictaminó "[I]n considering whether a case is inadmissible under article 17 (1) (a) and (b) of the Statute, the initial questions to ask are (1) whether there are ongoing investigations or prosecutions, or (2) whether there have been investigations in the past, and the State having jurisdiction has decided not to prosecute the person concerned. It is only when the answers to these questions are in the affirmative that one has to look to the second halves of sub-paragraphs (a) and (b) and to examine the question of unwillingness and inability. To do otherwise would be to put the cart before the horse. It follows that in case of inaction, the question of unwillingness or inability does not arise; inaction on the part of a State having jurisdiction (that is, the fact that a State is not investigating or prose-cuting, or has not done so) renders a case admissible before the Court, subject to article 17 (1) (d) of the Statute". Appeals Chamber, Judgment on the Appeal of Mr. Germain Katanga against the Oral Decision of Trial Chamber II of 12 June 2009 on the Admissibility of the Case, ICC-01/04-01/07-1286, 25 September 2009, párrafo 78. Recuérdese las diferencias entre el caso Bemba y Katanga. En el primero se había iniciado la investigación con base en el artículo 17 (1) del ER. Ahora bien, la jurisdicción nacional decidió no continuar con el proceso penal para facilitar que el mismo continuara en la CPI.

20   Prosecutor v. Germain Katanga and Mathieu Ngudjolo Chui, Judgment on the Appeal of Mr. 6 Germain Katanga against the Oral Decision of Trial Chamber II of 12 June 2009 on the Admissibility of the Case, ICC-01/04-01/07-1497, Sala de Apelaciones, 25 de septiembre de

de las seis disposiciones contenidas en la Política Criminal en Exámenes Preliminares de la Oficina de la Fiscalía.

Ahora bien, en caso contrario, la confirmación de la falta de capacidad y de voluntad debe determinarse con base en hechos precisos, y demostrarse en el supuesto de una orden de detención internacional u orden de comparecencia. Resulta ilustrativo de esta cuestión la decisión de admisibilidad del caso bajo el artículo 19 del ER en el asunto Kony[21].

En consecuencia, en el estudio de la complementariedad a la luz del artículo 17 del Estatuto de Roma, es pertinente evaluar cuál de los tres supuestos del artículo 17 (1) (a) (-c) aplicaría para el estudio de la Situación Venezuela I, en el entendido de los tres escenarios fácticos que comprende este artículo, a saber:

1) Cuando en sede nacional se está procesando el mismo caso al mismo tiempo que la CPI: con base en el artículo 17 (1) (a), se debe identificar si el Estado está dispuesto y está en la capacidad de conducir los procesos penales genuinamente; en este escenario se valora la autenticidad de los procesos (capacidad y voluntad estatal). Si es afirmativo, entonces el caso es inadmisible ante la CPI. En cambio, si no hay disposición o se demuestra su incapacidad, el caso sería admisible.

2) Cuando los tribunales nacionales ya han investigado el mismo caso y decidieron no continuar hasta la fase de juicio. A la luz del artículo 17 (1) (b) este escenario conlleva dar respuesta a dos interrogantes: en primer lugar, ¿si se inició la investigación en relación con el mismo caso? ¿pero el Estado ha decidido no proceder con el juzgamiento?, en un supuesto negativo de ambas preguntas, entonces el caso es admisible ante la Corte. Ahora bien, la CPI debe examinar si tal decisión obedece a falta de voluntad o de capacidad o, por el contrario, al interés del Estado de facilitar la activación de la complementariedad de la jurisdicción de la CPI, y que se proceda con el juicio en la misma (recuérdese el caso Bemba referido supra). Asimismo, es necesario evaluar la autenticidad de los procesos llevados a cabo.

---

2009, párrafo 78.

21 Prosecutor v. Joseph Kony et al., Decision on the admissibility of the case under article 19(1) of 7 the Statute, ICC-02/04-01/05-377, Segunda Sala de Cuestiones Preliminares, 10 de marzo de 2009, párrafos 49-52.

3) Cuando el mismo caso se enjuició en jurisdicción nacional: en este escenario, aunque se haya llevado a cabo un juicio, no obstante, la CPI podría admitir el caso con la finalidad de identificar si el enjuiciamiento se produjo con la intención de proteger al inculpado, y que el proceso carezca de parcialidad e independencia.

## La evaluación de la falta de capacidad en la Situación Venezuela I

En términos generales, para evaluar la falta de capacidad en la Situación Venezuela I, la OTP tendrá que evaluar:

1.  La ausencia de condiciones de seguridad y de protección correspondientes para los testigos, los jueces, fiscales, e investigadores de las violaciones graves de derechos humanos constitutivas de crímenes de lesa humanidad. La Comisión Interamericana tuvo oportunidad de pronunciarse sobre las condiciones necesarias para que los defensores de derechos humanos puedan cumplir con su labor. Así recomendó

> garantizar las condiciones para que los defensores de derechos humanos realicen libremente sus actividades, absteniéndose de realizar cualquier acción que limite u obstaculice su trabajo. Adoptar todas las medidas para prevenir violaciones a la vida e integridad personal de los defensores de derechos humanos, así como para Véase todos los Informes sobre la Situación de las Defensoras y Defensores de los Derechos Humanos en las Américas. CIDH. 5 investigar todos los hechos de violencia contra los mismos, con independencia de que en ellos se encuentren vinculados agentes estatales o particulares. Otorgar medidas efectivas de protección a los testigos y familiares de las víctimas de violaciones a los derechos humanos. Disponer de los recursos humanos, presupuestarios y logísticos necesarios para garantizar la implementación de medidas de protección adecuadas y efectivas cuando esté en riesgo la seguridad personal y la vida de los defensores de derechos humanos. Asimismo, asegurar que las medidas de seguridad sean efectivamente puestas en práctica durante el tiempo que las condiciones de riesgo lo exijan. Adoptar las medidas para que los funcionarios públicos se abstengan de hacer declaraciones que estigmaticen

a los defensores o que sugieran que las organizaciones de derechos humanos actúan de manera indebida o ilegal, solo por el hecho de realizar sus labores de promoción o protección de derechos humanos. Implementar las leyes y mecanismos necesarios para que la ciudadanía pueda acceder de manera fácil y efectiva a la información pública y para facilitar su amplio conocimiento sobre la gestión de los diversos órganos del Estado. Abstenerse de promover leyes y políticas de registro de organizaciones de derechos humanos que utilicen definiciones vagas, imprecisas o amplias respecto de los motivos legítimos para restringir sus posibilidades de conformación y funcionamiento. Abstenerse de imponer a las organizaciones de derechos humanos restricciones ilegítimas a su financiamiento, incluyendo el financiamiento externo[22].

Por su parte, el informe de la Misión internacional independiente de determinación de los hechos sobre la República Bolivariana de Venezuela se refirió también a la situación de los defensores humanos en Venezuela:

> No se informó a los abogados defensores privados de las fechas de las audiencias, lo que impidió la preparación de los argumentos o la presentación de los escritos. A menudo se impedía que los abogados defensores privados visitaran a sus clientes. Cuando las visitas se llevaban a cabo, los abogados a veces no podían hablar con los clientes de forma confidencial.

2. Aquellas normas que por su contenido puedan constituir un obstáculo en los procesos penales contra los presuntos responsables de los crímenes internacionales perpetrados. Nos referimos especialmente a:

   2.1 La figura del antejuicio de mérito dispuesto en la Constitución de la República Bolivariana de Venezuela que dota a un importante número de altos agentes estatales de inmunidad y prerrogativas frente a posibles procesos en sede nacional o en el hipotético caso de entrega a la Corte Penal Internacional. En nuestro parecer, se trataría de un conflicto normativo entre la Constitución nacional y el Estatuto de Roma que no prevé excepciones a la inmunidad penal para establecer régimen de responsabilidad penal internacional.

   2.2 Leyes de amnistía que por su interpretación favorezcan a individuos que hayan cometido crímenes internacionales y que ello redunde en impunidad por la sustracción de la ley a los presuntos responsables de tales crímenes. En este punto, la OTP tendría que distinguir entre la amnistía y el beneficio procesal, siendo parte este último de posibles procesos de transición y justicia nacional.

2.3 Plazos de prescripción: La OTP tendría que identificar en esta fase III si en el marco normativo interno existe o no la imprescriptibilidad de la acción penal en las causas por violaciones graves de derechos humanos constitutivas de crímenes de lesa humanidad en la Situación Venezuela I. Será necesario identificar la existencia de sentencias contradictorias en sede nacional en la aplicación de la imprescriptibilidad de tales crímenes que por su naturaleza se consideren imprescriptibles en los instrumentos internacionales y que también deberían tener tal carácter en la legislación interna venezolana. Ahora bien, aun cuando Venezuela no es parte en la Convención sobre la Imprescriptibilidad de los Crímenes de Guerra y de los Crímenes de Lesa Humanidad, empero, en el país no debería aplicarse la prescripción de estos crímenes dada la exigencia vía constitucional sobre el respeto de los derechos humanos. El artículo 29 de la Constitución venezolana destaca la obligación estatal de investigar y juzgar los crímenes contra los derechos humanos perpetrados por sus agentes "las acciones para sancionar los delitos de lesa humanidad, violaciones graves de derechos humanos y los crímenes de guerra son imprescriptibles [...]. Dichos delitos quedan excluidos de los beneficios que puedan conllevar su impunidad, incluidos el indulto y la amnistía". De la interpretación de este artículo surge la interrogante sobre la investigación y sanción de individuos que no sean agentes estatales y hayan cometido tales delitos. No queda claro si solamente se refiere a las autoridades del Estado, quedando por tanto un posible vestigio de impunidad sobre los actos de particulares y su sanción. Por otra parte, también resulta confusa esta disposición dado que el Código Penal venezolano no define los crímenes de lesa humanidad ni las violaciones de derechos humanos. Podría interpretarse, por tanto, que esta disposición constitucional sería difícil de aplicar. Corresponde a la

OTP identificar la existencia o no de jurisprudencia para arrojar luz sobre la materia. En relación con la desaparición forzada, sí se excluye expresamente en el marco penal venezolano (artículo 180.A Código Penal) la prescriptibilidad por tal delito: "La acción penal derivada de este delito y su pena serán imprescriptibles, y los responsables de su comisión no podrán gozar de beneficio alguno, incluidos el indulto y la amnistía". El Estado venezolano es parte del Estatuto de Roma, con lo cual ha quedado obligado de hecho y de derecho por la Convención de Viena de 1969 sobre el Derecho de los Tratados, que contempla no frustrar el objeto y fin de la Convención (artículo 18 CV69). Por lo tanto, ante la impunidad de los hechos sucedidos en Venezuela durante 2014 y 2017, y que dieron origen al inicio de un Examen Preliminar en la CPI en 2018, el país estaría transgrediendo además el objeto y fin de la Convención de Viena referida. El estado del arte del Derecho internacional de los derechos humanos, y del Derecho penal internacional, consagra consuetudinaria y convencionalmente como un principio del derecho, la regla de la imprescriptibilidad de los crímenes internacionales.

3. Las limitaciones o restricciones que el derecho interno puede prever para el ejercicio de la potestad punitiva del Estado, tales como la prescripción de la acción, no son admisibles frente a hechos constitutivos de crímenes internacionales, que se rigen por el derecho internacional, jerárquicamente superior a la normativa interna.

4. Falta de medios adecuados para iniciar investigaciones y juicios efectivos. En el caso que nos ocupa, con especial referencia a la falta de investigación y sanción impuesta a los autores materiales y los agentes que tienen responsabilidad de mando en la estructura de poder del Estado venezolano[23].

## La evaluación de la falta de voluntad en la Situación Venezuela I

Respecto a la determinación de la falta de voluntad del Estado, y con base en el "Documento de política sobre exámenes preliminares de la Oficina de la Fiscalía", corresponde identificar las siguientes cuestiones:

1.  Sustracción del inculpado de la justicia: esto es, identificar cuál es el enfoque de la investigación, si tiene como finalidad investigar la posible responsabilidad penal de los actores de los crímenes de mayor gravedad o, por el contrario, de procesar a los perpetradores de crímenes menores.

    1.1 Si las medidas adoptadas para tales fines son insuficientes manifiestamente.

    1.2 Si las investigaciones se apartan de procesos y prácticas establecidos.

    1.3 Si se han ignorado elementos probatorios o se les ha otorgado insuficiente valor a los mismos.

    1.4 Si se ha intimidado a las víctimas, testigos o personal del Poder Judicial.

    1.5 Si las conclusiones a las cuales se ha llegado resultan incompatibles con los elementos probatorios remitidos.

    1.6 Que se compruebe la asignación insuficiente de recursos a la investigación.

    1.7 Si se ha denegado información o cooperación con la Corte Penal Internacional.

2.  Demora no justificada:

    2.1 Evaluar si la demora puede justificarse de forma objetiva en relación con el contexto.

    2.2 Si se constata la existencia de la falta de intencionalidad de comparecencia de los individuos ante la justicia.

3.  Falta de independencia del Poder Judicial[24]

    3.1 Identificar la participación del aparato de poder del Estado, inclusive a los responsables de administrar la ley y el orden en la perpetración de los presuntos crímenes.

    3.2 Evaluar el impacto que el nombramiento o el cese de funciones de los jueces, fiscales o investigadores pueda generar en el debido proceso en relación con el caso.

    3.3 Interpretar la aplicación de inmunidades penales, privilegios y prerrogativas a los presuntos inculpados.

    3.4 Identificar el impacto de la injerencia política en la investigación, proceso y juicio.

3.5 Evaluar la incidencia de la corrupción de los jueces, fiscales e investigadores en la falta de imparcialidad.

3.6 Indagar en los nexos existentes entre los presuntos perpetradores y los responsables de la administración de justicia en la investigación, persecución y sanción de los crímenes.

3.7 Investigar la existencia de ascensos o descensos de categoría, despidos o represalias de funcionarios encargados de la investigación, si se constatan declaraciones públicas o premiaciones por parte de las autoridades a los presuntos responsables.

## Conclusión

En síntesis, en el caso de que las condiciones de judicialización dispuestas en el ER no se satisfagan, se reitera la necesidad de que la Oficina de la Fiscalía dé inicio a la investigación sobre la Situación Venezuela I, para iniciar un procedimiento con mayor transparencia que promueva activamente la consecución de los objetivos que el principio de complementariedad del Estatuto de Roma pretende.

Finalmente, la posible selección de esta Situación para dar inicio a la investigación por la Fiscalía de la Corte, implicaría además dar respuesta a la cuestión sobre si los criterios para tal selección son compatibles con el debido proceso y el respeto a los derechos humanos, consagrados en el artículo 21(1) (b) del Estatuto de Roma mediante la incorporación del Derecho internacional de los derechos humanos dentro de su marco normativo y de los tratados aplicables.

# CAPÍTULO III

# La comisión de crímenes de lesa humanidad en el caso de la Situación Venezuela I.

Antonio Pastor Palomar[25]

## Sumario

I. Los crímenes de lesa humanidad en el derecho internacional. 1. Aspectos generales de su regulación. A. Definición y persecución por tribunales internacionales. B. Los tribunales venezolanos y la responsabilidad penal individual. C. La jurisdicción universal. D. La obligación de los Estados de cooperar frente a las violaciones graves de derechos humanos: las contramedidas. 2. Elementos de los crímenes. A. Elemento contextual: ataque generalizado o sistemático contra una población civil. B. Elemento subjetivo. C. Elementos específicos o actos prohibidos. II. Los crímenes de lesa humanidad en la Situación Venezuela I. 1. La competencia de la CPI. 2. Los informes de órganos internacionales independientes y su impacto en el establecimiento y la calificación de los hechos. A. El impacto de los informes. B. Informes de órganos de Naciones Unidas. C. Informes de la OEA. III. Conclusiones. Un fundamento suficiente para abrir una investigación.

---

25 Profesor Titular de Derecho Internacional Público en la Universidad Rey Juan Carlos (Madrid) y antiguo consejero técnico de la Asesoría Jurídica Internacional del MAEC de España.

# I. Los crímenes de lesa humanidad en el derecho internacional

## 1. Aspectos generales de su regulación.

### A. Definición y persecución por tribunales internacionales

1. Los crímenes de lesa humanidad y los tipos penales que integran se han concebido de manera sistemática en el Estatuto de la Corte Penal Internacional (en adelante, Estatuto de la CPI), de 17 de julio de 1998, entre los "más graves de trascendencia para la comunidad internacional en su conjunto"[26]. Venezuela es Estado parte, por lo que la CPI puede ejercer sus funciones y atribuciones actuales respecto a los crímenes que pudieran cometerse en su territorio (artículos 4.2 y 12.1 del Estatuto de la CPI), contribuyendo jurisprudencialmente a concretar los perfiles internacionales de su prevención y castigo mediante la creación de reglas interpretativas y de principios. Este instrumento que crea un tribunal permanente con vocación de universalidad es la referencia principal en la sociedad internacional para la definición y aplicación de aquellos crímenes de carácter imprescriptible (artículo 29 del Estatuto de la CPI).

2. Se trata de una categoría singular dentro de los delicta iuris gentium —los crímenes contra la paz y la seguridad de la humanidad—[27] que genera la responsabilidad internacional penal autónoma de los individuos (los artículos 1 y 25.1 del Estatuto de la CPI señalan su competencia respecto de personas naturales), y que debe diferenciarse de los crímenes y delitos internacionales cometidos por los Estados; si bien los presuntos criminales pueden formar parte y servirse de los órganos del Estado, no debe haber duda de que los crímenes contra la humanidad cometidos por individuos tanto en tiempos de paz como durante los conflictos armados son gravemente contrarios a las exigencias éticas elementales de la convivencia internacional.[28] Por ello,

---

28 Sobre la subjetividad pasiva del individuo en el derecho internacional, desde una perspectiva general, véase, J.A. PASTOR RIDRUEJO, *Curso de Derecho internacional público y Organizaciones*

se revela la necesidad de poner fin a la impunidad de los autores, y la de regular adecuadamente en el derecho internacional la prevención y castigo de estos crímenes.

3. La actualidad, necesidad y relevancia de esta regulación se han verificado en la labor de codificación y desarrollo progresivo de la Comisión de Derecho Internacional (CDI), que aprobó el 22 de mayo de 2019, en segunda lectura, el Proyecto de artículos sobre la preven*ción y el castigo de los crímenes de lesa humanidad*[29]. Téngase en cuenta que no existe todavía un tratado internacional universal cuyo objeto triple sea la prevención, el castigo, y la promoción de la cooperación interestatal en orden a la prevención, investigación y enjuiciamiento de estos crímenes. En efecto, la vigente Convención sobre la imprescriptibilidad de los crímenes de guerra y de los crímenes de lesa humanidad, de 26 de noviembre de 1968, tiene un objeto limitado principalmente a que los Estados se comprometan a que la prescripción de la acción penal o de la pena no se aplique a estos crímenes[30]. Venezuela no es Estado Parte.

4. El *Proyecto de artículos de 2019* toma en consideración la definición recogida en el artículo 7 del Estatuto de la CPI —a la que nos

---

internacionales, 24 ed., Madrid, Tecnos, 2020, pp. 199-206; entre las numerosas obras en inglés sobre el Derecho internacional penal, puede seleccionarse la de A. CASSESE, *International Criminal Law,* 2a ed., Oxford University Press, 2008; y la de K. AMBOS, *Treatise on International Criminal Law, V.II: Crimes and Sentencing,* Oxford University Press, 2014; en español, A. GIL y E. MACULAN (dirs.), *Derecho penal internacional,* 2a ed., Madrid, Dykinson, 2019; en francés, puede destacarse la obra de H. ASCENSIO, E. DECAUX y A. PELLET (dirs.), *Droit internatio-nal* pénal, 2a ed., Paris, Pedone, 2012; a propósito de la subjetividad pasiva del individuo en relación con los crímenes de lesa humanidad, véase, en español, M. TORRES PÉREZ, *La respon-sabilidad internacional del individuo por la comisión de crímenes de lesa humanidad*, Valencia, Tirant Lo Blanch, 2008; también, entre la abundante bibliografía en inglés dedicada a este tipo de crímenes, pueden destacarse los trabajos de M.CH. BASSIOUNI, *Crimes against Humanity in international criminal law,* 2 ed., Dordrecht, Martinus Nijhoff Publishers, 1999; y del mismo autor, *Crimes against Humanity: the need for a specialized convention*, Columbia Journal of Transnational Law, v. 31, 1993-1994, pp. 457-494; en francés, Y. JUROVICS, *Réflexions sur la spécificité dur crime contre l'humanité,* Paris, LGDJ, 2002; sobre el origen de la noción "crímenes de lesa humanidad" en el Estatuto del Tribunal Militar Internacional de Nuremberg, de 8 de agosto de 1945, véase, R.S. CLARK y I.A. RESHETOV, *Crimes against Humanity*, en G. GINSBURGS, V.N. KUDRIAVTSEV (eds.), *The Nuremberg Trial and International Law*, Dordrecht, Martinus Nijhoff Publishers, 1990, pp. 180-192.

referiremos en el punto 2 de este trabajo en relación con la Situación Venezuela I— y reconoce en su preámbulo que los "crímenes de lesa humanidad constituyen una amenaza para la paz, la seguridad y el bienestar internacionales"; también, afirma que su prohibición "es una norma imperativa de Derecho Internacional general (*ius cogens*)" que no admite acuerdo en contrario y que solo puede ser modificada por una norma ulterior de Derecho internacional general que tenga el mismo carácter (artículo 53 de la Convención de Viena sobre el Derecho de Tratados, en adelante CVDT). Además, la CDI recalca en su comentario general que el Proyecto de artículos de 2019 "evita los conflictos con las obligaciones que incumban a los Estados en virtud de los instrumentos constitutivos de las cortes y tribunales penales internacionales, como la CPI (así como las cortes y tribunales 'híbridos', esto es, que combinan elementos del Derecho internacional y del Derecho nacional)", pues este instrumento se centra —de manera compatible con el Estatuto de la CPI— en la cooperación entre Estados y en la aprobación de medidas legislativas nacionales, de modo que contribuye a la aplicación del principio de complementariedad previsto en el Estatuto de la CPI, y recoge obligaciones que pueden asumir los Estados con independencia de su participación en dicho Estatuto[31]. Algunos aspectos del Proyecto de artículos de 2019 reflejan el derecho internacional consuetudinario que, por lo demás, también se ocupa de los crímenes de lesa humanidad.

5. En cualquier caso, este texto contiene una definición muy completa y autorizada de crímenes de lesa humanidad aplicable a su prevención y castigo (artículo 1), que identifica los delitos respecto de los cuales los Estados han de establecer su competencia en sus derechos internos para que aquellos no queden impunes. Obviamente, la legislación nacional relativa a estos crímenes deberá ser siempre compatible con las obligaciones internacionales del Estado interesado.

6. Las circunstancias fácticas concretas subyacentes en la creación de los tribunales penales internacionales ad hoc, mixtos, e internacionalizados,[32] determinan el lugar de los crímenes en los respectivos estatutos. En relación con los tribunales ad hoc, creados de conformidad con

el Capítulo VII de la Carta de Naciones Unidas y sucedidos progresivamente por el Mecanismo Residual Internacional,[33] en el Estatuto del Tribunal Internacional para la ex-Yugoslavia (TPIY) los crímenes de lesa humanidad se regulan en el artículo 5, y se vinculan a un conflicto armado;[34] y en el Estatuto del Tribunal Internacional para Ruanda (TPIR) se recogen en el artículo 3, y se dispone expresamente que es necesaria una intención discriminatoria para establecer estos crímenes[35]. Sin embargo, todos estos tribunales penales internacionales tienen competencia sobre la categoría de los crímenes de lesa humanidad, junto a la del genocidio y la de los crímenes de guerra, y comparten el objetivo de luchar contra su impunidad. De hecho, el Tribunal Especial para Sierra Leona dictó dos sentencias sobre el fondo en el caso Taylor condenándole por crímenes de guerra y contra la humanidad cometidos mientras fungía de Jefe de Estado;[36] primera vez que sucede desde Nuremberg en la práctica de un tribunal penal internacional.

## B. Los tribunales venezolanos y la responsabilidad penal individual

7. La responsabilidad penal del individuo se puede hacer efectiva a través de los órganos internacionales creados al efecto, o mediante los órganos estatales que evidentemente tienen competencia para ocuparse de los crímenes cometidos en su territorio. En el siguiente punto se verá que si el crimen se hubiera cometido en el extranjero los tribunales estatales también podrían aplicar el principio de jurisdicción universal en la medida en que lo permita el Derecho vigente aplicable, nacional e internacional. Recuérdese, por lo demás, el carácter complementario de la CPI y de otros tribunales penales internacionales.

8. Los crímenes de lesa humanidad del Derecho internacional también tienen una tipificación determinada en los derechos internos porque su prevención y castigo es primordialmente de la responsabilidad estatal, aunque debe quedar claro que su existencia como crímenes internacionales no depende de la tipificación en los derechos internos.

Por ejemplo, en el derecho español esos crímenes se definen en el artículo 607 bis del Código Penal[37]. En otros trabajos de esta obra se alude a la situación legislativa e institucional de Venezuela. A este respecto, la Misión de Determinación de los Hechos del Consejo de Derechos Humanos de Naciones Unidas (en adelante, MDH) ha concluido que el Estado venezolano debe exigir responsabilidad a los autores de crímenes, aunque al tiempo ha constatado el deterioro del Estado de Derecho y de la independencia judicial en el país[38].

9. Además, la lucha contra la impunidad y la responsabilidad internacional de cada Estado de proteger a su población de los crímenes de lesa humanidad, y del genocidio, los crímenes de guerra y la depuración étnica, mediante la adopción de las medidas apropiadas y necesarias, han sido declaradas por consenso en la Asamblea General de Naciones Unidas con ocasión de la Cumbre Mundial de 2005. Por ello, cabe sostener que la soberanía del Estado y el principio de no intervención en los asuntos internos no pueden servir de escudo o de excusa ante violaciones sistemáticas y masivas de los derechos humanos. En el Documento Final de esta Cumbre Mundial de 2005 también se afirma la responsabilidad colectiva de la comunidad internacional por medio de las Naciones Unidas, que deberá, según proceda, "alentar y ayudar a los Estados a ejercer esa responsabilidad y ayudar a las Naciones Unidas a establecer una capacidad de alerta temprana"[39]. Ahora bien, si las autoridades estatales no están dispuestas a proteger a su población, o no tienen capacidad para ello, se traslada esa responsabilidad de proteger a la comunidad internacional, lo que indudablemente incluye a la CPI en el ejercicio cabal de sus competencias regladas y por razón del principio de complementariedad.

## C. La jurisdicción universal

10. La jurisdicción universal de los tribunales estatales no es obligatoria en el derecho internacional, y debe ser entendida en el marco de los principios generales de extensión extraterritorial de la jurisdicción penal estatal, a saber: a) la personalidad activa, o nacionalidad del

autor del delito cometido en el extranjero; b) la protección o defensa de los intereses del Estado de crímenes cometidos fuera del territorio nacional; c) la personalidad pasiva o la nacionalidad de la víctima del delito cometido en el extranjero; d) la representación, por la que un Estado representa a otro con el que el delito guarda vínculos más estrechos; e) la universalidad, o la jurisdicción universal, que permite perseguir los *delicta iuris gentium* con independencia de la concurrencia de otros criterios porque todos los Estados tienen interés en su persecución y enjuiciamiento. Como ha afirmado el Tribunal Constitucional de España, en la Sentencia 140/2018, de 20 de diciembre, esto comporta la concurrencia de Estados competentes, de modo que

> cada Estado determina la fórmula de aplicación de la jurisdicción universal a través, fundamentalmente, de la articulación de los principios de subsidiariedad de la jurisdicción nacional, respecto del resto de jurisdicciones competentes, y de complementariedad de la jurisdicción nacional, respecto de la jurisdicción del Tribunal Penal Internacional fundamentalmente. Y, eventualmente, los Estados pueden delimitar el alcance de la jurisdicción universal absoluta, relativizándolo a través de la definición de puntos de conexión con los intereses nacionales, de modo que solo la concurrencia de tales puntos ampararía la extensión extraterritorial de la jurisdicción nacional[40].

En España, como es sabido, el alcance de la jurisdicción universal está definido en la Ley Orgánica del Poder Judicial y en los tratados internacionales vigentes para el Estado relativos a la persecución de determinados crímenes internacionales. Con la última modificación legislativa, a través de la Ley Orgánica 1/2014, en España ha quedado restringido el alcance del principio de jurisdicción universal pues se han requerido puntos de conexión en relación con cada delito perseguible extraterritorialmente.

11. La regla *aut dedere aut iudicare* debe distinguirse del principio de universalidad, pues las acciones consistentes en "entregar o juzgar" involucran a un Estado obligado mediante un tratado internacional a perseguir en el foro a una persona reclamada por otro Estado cuya

extradición solicitada no se concede. El artículo 10 del *Proyecto de artículos de 2019* se ha ocupado de esta cuestión con el siguiente contenido:

> El Estado en el territorio bajo cuya jurisdicción se encuentre el presunto infractor, si no procede a la extradición o la entrega de la persona a otro Estado o a una corte o tribunal penal internacional competente, someterá el asunto a sus autoridades competentes a efectos de enjuiciamiento. Dichas autoridades tomarán la decisión de la misma manera que lo harían en el caso de cualquier otro delito de carácter grave de conformidad con el derecho de ese Estado.

## D. La obligación de los Estados de cooperar frente a las violaciones graves de derechos humanos: las contramedidas

12. El artículo 1.3 de la Carta de Naciones Unidas establece la obligación de los Estados de "realizar la cooperación internacional en la solución de problemas internacionales de carácter [...] humanitario, y en el desarrollo y estímulo del respeto a los derechos humanos y a las libertades fundamentales de todos", lo que debe entenderse que incluye una responsabilidad general de cooperación internacional interestatal para prevenir los crímenes de lesa humanidad[41].

13. En la sociedad internacional existe una práctica consuetudinaria consistente en la adopción de contramedidas de distinta índole por el Estado lesionado como medida de autotutela y de exigencia de la responsabilidad internacional al Estado o Estados que, previamente, han cometido un ilícito contrario a sus intereses o derechos. La CDI acoge las contramedidas en los artículos 22 y 49 del *Proyecto de artículos sobre la responsabilidad del Estado por hechos internacionalmente ilícitos de 2001*,[42] como circunstancias que excluyen la ilicitud y cuyo

---

41 En este sentido, la Resolución 3074 (XXVIII ) de la Asamblea General de Naciones Unidas, de 3 de diciembre de 1973 contiene los *Principios de cooperación internacional en la identificación, detención, extradición y castigo de los culpables de crímenes de guerra o de crímenes de lesa humanidad,* entre los que se encuentra el relativo a que "los Estados cooperarán bilateral y multilateralmente para reprimir y prevenir los crímenes de guerra y los crímenes de lesa humanidad y tomarán todas las medidas internas e internacionales necesarias a ese fin".

42 Las contramedidas y la responsabilidad internacional generada por una violación grave por una organización internacional de una obligación que emane de una norma imperativa de derecho internacional general también se incluyen en el *Proyecto de artículos de la CDI sobre*

objeto será inducir al Estado responsable "a cumplir las obligaciones que le incumban", y se limitarán a un "incumplimiento temporario de obligaciones internacionales que el Estado que toma tales medidas tiene con el Estado responsable". Las condiciones del recurso a las contramedidas se indicaron por la Corte Internacional de Justicia (CIJ) en el *asunto relativo al Proyecto Gabcíkovo-Nagymaros (Hungría/ Eslovaquia)* y también se enuncian en el artículo 52 del *Proyecto de artículos de 2001*[43].

14. Contra Venezuela han sido impuestas medidas unilaterales selectivas por Estados como Canadá, Colombia, Estados Unidos de América, México, Panamá y Suiza. La Unión Europea también ha impuesto medidas restrictivas motivadas en "la disposición de la Unión a recurrir a los instrumentos a su disposición para promover la democracia, el Estado de Derecho y los derechos humanos, lo que incluye medidas selectivas que no perjudiquen al pueblo venezolano"[44], consistentes en la prohibición de viaje y la congelación de activos de personas vinculadas al régimen y altos funcionarios del Gobierno por su participación en actos y decisiones que socavan la democracia y el Estado de Derecho; también, se ha aprobado el embargo de armas. Y Estados Unidos ha impuesto medidas de bloqueo de bienes de la empresa petrolera estatal PDVSA.

15. Cabe plantearse, en este orden, si los terceros Estados pueden reaccionar con contramedidas ante violaciones graves de normas imperativas.[45] El artículo 41 de este instrumento internacional de la CDI parece permitirlo cuando afirma una suerte de *actio popularis* en el sentido que

---

*responsabilidad internacional de las Organizaciones internacionales*, aprobado en 2011.

43  Sentencia de la CIJ de 25 de septiembre de 1997 en el *asunto relativo al Proyecto Gabcíkovo-Nagymaros (Hungría/Eslovaquia)*, párrafos 83 y ss., disponible en www.icj-cij.org

44  Reglamento de ejecución (UE) 2020/897 del Consejo, de 29 de junio de 2020, por el que se aplica el Reglamento (UE) 2017/2063 relativo a medidas restrictivas habida cuenta de la situación de Venezuela.

45  Sobre el tema, véase, C. GUTIÉRREZ ESPADA, "Las contramedidas de Estados 'terceros' por violación a ciertas obligaciones internacionales", *Anuario Argentino de Derecho Internacional*, 2001, pp. 15-49.

los Estados deben cooperar para poner fin, por medios lícitos, a toda violación grave en el sentido del artículo 40 (violaciones graves de obligaciones emanadas de normas imperativas de Derecho Internacional general). Ningún Estado reconocerá como lícita una situación creada por una violación grave en el sentido del artículo 40, ni prestará ayuda o asistencia para mantener esa situación. El presente artículo se entenderá sin perjuicio de las demás consecuencias enunciadas en esta parte y de otra consecuencia que una violación a la que se aplique el presente capítulo pueda generar según el Derecho Internacional.

Y el artículo 54 del mismo instrumento establece, en relación con las medidas tomadas por Estados distintos del Estado lesionado, que

este capítulo (sobre las contramedidas) no prejuzga acerca del derecho de cualquier Estado, facultado por el párrafo 1 del artículo 48 para invocar la responsabilidad de otro Estado, a tomar medidas lícitas contra este Estado para asegurar la cesación de la violación y la reparación en interés del Estado lesionado o de los beneficiarios de la obligación violada.

Claramente, quedan al margen de estas contramedidas las sanciones institucionalizadas adoptadas, por ejemplo, en el seno de Naciones Unidas.

16. Recuérdese, en este contexto, que el Estado de Venezuela ha remitido en febrero de 2020, con base en el artículo 14.1 del Estatuto de la CPI, la Situación II a la Fiscalía de la CPI por los efectos de la "medidas coercitivas unilaterales" impuestas primordialmente por los Estados Unidos de América "en contra de la población venezolana que constituirían, a su juicio, crímenes de lesa humanidad". Esta Situación II plantea serios problemas relativos a la admisibilidad por la CPI, pese a que se alegue la responsabilidad penal internacional de funcionarios de la administración de los Estados Unidos, en virtud del artículo 7 del Estatuto de la CPI, por crímenes de lesa humanidad cometidos en el territorio venezolano. Estos problemas son expuestos en otros trabajos de esta obra, pero, en mi opinión, las invocaciones abusivas de un crimen internacional contribuyen a restar fuerza a la moralización del Derecho Internacional, a la prevención y al castigo de los

auténticos crímenes, así como a la desestabilización de las relaciones internacionales[46].

17. A continuación, se analizarán los elementos, contextual, subjetivo y específicos de los crímenes de lesa humanidad,[47] tomando como base el artículo 7 del Estatuto de la CPI, y los comentarios al respecto del *Proyecto de artículos de 2019* —que incluyen referencias a la jurisprudencia internacional y nacional relevante—; un examen que nos servirá para relacionar esos elementos con las conductas que componen la Situación Venezuela I, según las informaciones de dominio público provenientes de los Estados remitentes de la situación a la Fiscalía de la CPI, de varios órganos independientes vinculados a organizaciones internacionales como la OEA o las Naciones Unidas, y de otras fuentes de distinta índole.

## 2. Elementos de los crímenes

18. Ya se ha afirmado que el artículo 7 del Estatuto de la CPI es la referencia principal del derecho internacional en la definición de crimen de lesa humanidad, como ha confirmado el *Proyecto de artículos de 2019*. También, conforme al artículo 9 del Estatuto de la CPI, los elementos de los crímenes "ayudarán a la Corte a interpretar y aplicar los artículos 6, 7, 8 y 8 bis del presente Estatuto". El instrumento que contiene los *Elementos de los crímenes* se aprobó por la Asamblea de los Estados Partes en su primer periodo de sesiones (3 a 10 de septiembre de 2002), y posteriormente se incluyeron los elementos adoptados en la Conferencia de Revisión de 2010 (31 de mayo a 11 de junio de 2010) relativos al crimen de agresión (artículo 8 bis del Estatuto de la CPI) y a los crímenes de guerra (artículo 8 del Estatuto de la CPI); finalmente, la Asamblea de Estados Partes incluyó en su decimosexto periodo de sesiones (diciembre de 2017) elementos adicionales para los nuevos tipos de armas vinculados a los crímenes de guerra[48].

---

48 Cfr. los *Elementos de los crímenes* en el sitio web de la CPI, información disponible aquí: https://www.icc-cpi.int/Publications/Elements-of-Crimes.pdf

19. A estos elementos, que se centran en la conducta, las consecuencias y las circunstancias correspondientes a cada crimen, serán aplicables las disposiciones del Estatuto, incluido el artículo 21, así como los principios generales de Derecho penal de la parte III del Estatuto. Por tanto, deben interpretarse de forma estricta sin extensiones por analogía; en caso de ambigüedad, la definición de crimen "será interpretada a favor de la persona objeto de investigación, enjuiciamiento o condena" (artículo 22.2 del Estatuto de la CPI).

## A. Elemento contextual: ataque generalizado o sistemático contra una población civil

20. Los elementos generales o requisitos comunes a los crímenes de lesa humanidad del artículo 7 del Estatuto de la CPI se refieren a actos que se cometan "como parte de un ataque generalizado o sistemático contra una población civil y con conocimiento de dicho ataque". En esta línea, los dos últimos elementos de los dieciséis crímenes de lesa humanidad individualizados en el instrumento *Elementos de los crímenes* contienen el contexto en que debe tener lugar la conducta, esto es, un ataque generalizado o sistemático contra una población civil, y el elemento intencional o subjetivo, o sea, el conocimiento de dicho ataque.

21. El primer requisito general es que el ataque debe ser generalizado o sistemático. La CDI en el *Proyecto de artículos de 2019* ha comentado que en el artículo 7 del Estatuto de la CPI estas dos condiciones son disyuntivas, sin embargo, la definición de ataque contra la población civil contiene en todo caso un elemento de política de un Estado o de una organización[49]. Respecto a la precisión de la condición de ataque generalizado, la CDI se remite al Fallo del TPIY, de 22 de febrero de 2001, en el *asunto Kunarac* en el que se dice que "el adjetivo generalizado se refiere a la gran envergadura del ataque y al número de víctimas", excluyendo así los actos aislados de violencia;[50] y también se cita la Decisión de la Sala de Cuestiones Preliminares de la CPI, de 31 de marzo de 2010, relativa a la *Situación en la República de Kenya*, en la

que se indica que "la evaluación no es exclusivamente cuantitativa ni geográfica, sino que ha de llevarse a cabo sobre la base de hechos concretos"[51]. En cuanto a la condición de ataque sistemático, la CDI afirma que excluye "los actos de violencia aislados o no conectados entre sí"; y cita la jurisprudencia relevante, por ejemplo, se apoya de nuevo en el *asunto Kunarac* en el que la Sala de Apelaciones del TPIY estableció que "los patrones de los crímenes, a saber, la repetición no accidental y periódica de una conducta delictiva similar, son una expresión común de ese carácter sistemático"[52], así como en el *asunto Katanga* en el que la Sala de Cuestiones Preliminares de la CPI entendió que el término sistemático

> se ha interpretado como un plan organizado en cumplimiento de una política común, que sigue un patrón regular y da lugar a una comisión de hechos continuada, o como patrones de crímenes, de modo que los crímenes constituyen una repetición no accidental y periódica de una conducta delictiva similar[53].

22. El segundo requisito contextual y general es que el ataque también deber producirse contra una población civil. La naturaleza del ataque queda precisada en el artículo 7.2.a), en el sentido de que debe haber una "línea de conducta" que implique "la comisión múltiple de actos" contra una población civil "de conformidad con la política de un Estado o de una organización de cometer ese ataque o para promover esa política". El ataque no debe ser necesariamente militar pero sí debe haber cualquier forma de violencia y una política de acción u omisión promovida por el Estado o la organización[54]. La CDI en el *Proyecto de artículos de 2019* cita la jurisprudencia que ha interpretado estos términos del artículo 7 del Estatuto de la CPI. Así, el término "contra" significa, según la Sala de Primera Instancia de la CPI en el *asunto Bemba* —que a su vez recoge la jurisprudencia de otros tribunales internacionales— que

> la población civil era el objetivo principal, y no el accidental, del ataque [...] cuando se lleva a cabo un ataque en una zona con civiles y no civiles, entre los factores pertinentes para determinar si el ataque iba dirigido contra la

población civil figuran los medios y métodos empleados en él, la situación de las víctimas, su número, el carácter discriminado del ataque, la naturaleza de los crímenes cometidos durante el mismo, la forma de resistencia a los asaltantes en el momento del ataque y la medida en que la fuerza atacante cumplió los requisitos de cautela contemplados en el derecho de la guerra[55].

El término "una" indica que población civil debe interpretarse en sentido amplio o general; en el *asunto Katanga* se explica que esa interpretación debe realizarse "independientemente de su nacionalidad, origen étnico o cualquier otra característica distintiva"[56]; e interesa destacar que la jurisprudencia de la CPI, en el *asunto Ruto*, ha afirmado que el ataque puede dirigirse contra "un grupo definido por su presunta afiliación política"[57]. En tiempos de paz el término "civil" abarcaría a todas las personas, "salvo las responsables del mantenimiento del orden público y cuenten con medios legítimos para ejercer la fuerza. Por ejemplo, entre los no civiles se encontrarían los miembros de las (Fuerzas Armadas Ruandesas), del (Frente Patriótico Ruandés), la policía y la Gendarmería Nacional", como define el TPIR en el *asunto Kayishema*[58]. "Población" significa "múltiples víctimas", no un grupo limitado de personas, como declaró la CPI en el *asunto Bemba* y en la *Situación en la República de Kenia*[59]. Recuérdese que "población civil" no viene definida en el artículo 7 del Estatuto de la CPI, por lo que esta jurisprudencia es un medio auxiliar de determinación de su significado, teniendo en cuenta los tratados del derecho internacional humanitario; y la población civil debe entenderse tanto en tiempo de paz como en tiempo de conflicto armado.

23. Otros términos que merecen explicación son el de "política" de un Estado o de una organización de cometer el ataque. En los *Elementos de los crímenes* se dice que una política de cometer ese ataque exige que el Estado o la organización "promueva o aliente activamente un ataque de esa índole contra una población civil y que esa política, en circunstancias excepcionales, podría ejecutarse por medio de una omisión deliberada de actuar y que apuntase conscientemente a alentar un

ataque de ese tipo"[60]. Y la jurisprudencia de la CPI ha distinguido entre "sistemático" y "política", en el *asunto Katanga*;[61] en efecto, sistemático requiere alto nivel de organización mientras que el establecimiento —informal— de una política se deduce de la repetición de actos y simplemente supone que el Estado o la organización persiguen perpetrar un ataque contra una población civil. En cuanto al término política de una "organización", la CPI en el *asunto Katanga* ha entendido que esa política puede ponerla en práctica "grupos de personas que gobiernen un territorio determinado o cualquier organización con capacidad para perpetrar un ataque generalizado o sistemático contra una población civil"[62]; y en el *asunto Ruto* la CPI ha sostenido que para considerar que existe una organización puede tenerse en cuenta "una serie de factores, entre otros: i) si el grupo se encuentra bajo un mando responsable o cuenta con una jerarquía establecida; ii) si el grupo tiene, de hecho, los medios para llevar a cabo un ataque generalizado o sistemático contra una población civil; iii) si el grupo ejerce el control sobre parte del territorio de un Estado; si uno de los objetivos primordiales del grupo es llevar a cabo actividades delictivas contra la población civil; v) si el grupo manifiesta, de manera explícita o implícita, una intención de atacar a una población civil; vi) si el grupo es parte de un grupo mayor, que cumple algunos o todos los criterios antes mencionados[63]. Por consiguiente, no se requiere que la organización sea estatal ni que cometa el delito un funcionario o agente del Estado, sino que haya particulares organizados en bandas o grupos criminales, como recuerda la CDI en el *Proyecto de artículos de 2019.*[64]

24. En resumen, en virtud de la práctica internacional relevante, las dos condiciones contextuales que debe reunir un ataque según el artículo 7 del Estatuto de la CPI, es decir, que sea generalizado o sistemático, tienen un carácter disyuntivo, aunque siempre vinculado a un elemento de política de un Estado o de una organización. Además, un ataque generalizado significa su gran envergadura y un número considerable de víctimas, lo que excluye los actos aislados de violencia; y la evaluación no es exclusivamente cuantitativa ni geográfica, sino que ha de llevarse a cabo sobre la base de hechos concretos. Un ataque

sistemático implica un plan organizado en cumplimiento de una política común, que sigue un patrón regular y da lugar a una comisión de hechos continuada, periódica y no accidental; por lo tanto, la condición de sistemático requiere un alto nivel de organización mientras que el establecimiento —informal— de una política se deduce de la repetición de actos y simplemente supone que el Estado o la organización persiguen perpetrar un ataque contra una población civil. El objetivo principal del ataque es la población civil, incluido un grupo definido por su presunta afiliación política. Finalmente, también puede provenir de cualquier organización con capacidad para perpetrarlo con carácter generalizado o sistemático.

## B. Elemento subjetivo

25. Otro requisito común de los crímenes de lesa humanidad es el intencional o subjetivo, o sea, que el autor haya tenido conocimiento de un ataque con los rasgos anteriormente expuestos, y que también conozca que su acto forma parte de ese ataque[65]. Y esto puede inferirse de hechos concretos, así como de pruebas circunstanciales, tales como

    > el cargo del acusado en la jerarquía militar, el hecho de que asumiera un papel importante en el marco general del plan criminal; su presencia en el lugar de los crímenes; sus referencias a la superioridad de su grupo respecto del grupo enemigo; y el contexto histórico y político general en que se produjeron los actos.

    Además, "el motivo del autor es irrelevante a los efectos de considerar el acto crimen de lesa humanidad", según ha reconocido la Sala de Cuestiones Preliminares de la CPI en el *asunto Katanga*[66].

26. El artículo 30 del Estatuto de la CPI regula el elemento de intencionalidad, o *mens rea*, y precisa que por conocimiento del ataque "se entiende la conciencia de que existe una circunstancia o se va a producir una consecuencia en el curso normal de los acontecimientos".

## C. Elementos específicos o actos prohibidos

27. Los actos prohibidos que constituyen crímenes de lesa humanidad están recogidos en el artículo 7.1 del Estatuto de la CPI. La CDI en el *Proyecto de artículos de 2019* ha afirmado que las personas pueden cometer un crimen de lesa humanidad simplemente mediante la realización de uno de esos actos: "No es necesario que la persona haya cometido múltiples actos, sino que el acto de la persona forme parte de un ataque generalizado o sistemático contra una población civil"[67]. Y la CPI ha afirmado en el *asunto Bemba* que la determinación de la existencia del acto debe responder a "una evaluación objetiva que tengan en cuenta, en particular, las características, los objetivos, la naturaleza y/o las consecuencias del acto"[68].

28. Además, en los *Elementos de los crímenes* se ha indicado que la mención en en el artículo 7.1. k) a "otros actos inhumanos de carácter similar que causen intencionalmente grandes sufrimientos o atenten gravemente contra la integridad física o la salud mental o física" comporta varios requisitos:

    > 1. Que el autor haya causado mediante un acto inhumano grandes sufrimientos o atentado gravemente contra la integridad física o la salud mental o física. 2. Que tal acto haya tenido un carácter similar a cualquier otro de los actos a que se refiere el párrafo 1 del artículo 7 del Estatuto. 3. Que el autor haya sido consciente de las circunstancias de hecho que determinaban el carácter del acto. 4. Que la conducta se haya cometido como parte de un ataque generalizado o sistemático dirigido contra una población civil. 5. Que el autor haya tenido conocimiento de que la conducta era parte de un ataque generalizado o sistemático dirigido contra una población civil o haya tenido la intención de que la conducta fuera parte de un ataque de este tipo[69].

    Por tanto, también se contemplan los elementos contextual y subjetivo o intencional.

29. El párrafo 2 del artículo 7 del Estatuto de la CPI define, para aportar mayor claridad en la calificación de los crímenes de lesa humanidad, algunos de los actos prohibidos, como el exterminio, la esclavitud, la

deportación o traslado forzoso de la población, la tortura, el embarazo forzado, la persecución, y la desaparición forzada de personas.

30. A continuación, todos los puntos examinados sobre la regulación en el derecho internacional de la definición, prevención y castigo de los crímenes de lesa humanidad se relacionan con la Situación Venezuela I.

## II. Los crímenes de lesa humanidad en la Situación Venezuela I

### 1. La competencia de la CPI y la necesidad de iniciar una investigación

31. Está claro que la competencia de la CPI respecto de los crímenes a los que se refiere el Estatuto puede ejercerse por tres vías, a saber: si un Estado parte o el Consejo de Seguridad —con arreglo al Capítulo VII de la Carta de Naciones Unidas— remiten al fiscal una situación en que parezca haberse cometido uno o varios de esos crímenes, o si el fiscal ha iniciado de oficio una investigación (artículos 13, 14 y 15 del Estatuto de la CPI).

32. Como consta en el *Informe sobre las actividades de examen preliminar 2019* de la Fiscalía de la CPI[70], este órgano abrió un examen preliminar sobre la situación de Venezuela el 8 de febrero de 2018 (artículo 15 del Estatuto de la CPI); y el 27 de septiembre del mismo año un grupo de seis Estados Partes en dicho instrumento (Argentina, Canadá, Colombia, Chile, Paraguay y Perú) remitió la situación con arreglo al artículo 14.1 del Estatuto de la CPI, en el que se solicitaba a la fiscal Bensouda

> que inicie una investigación por crímenes de lesa humanidad presuntamente cometidos en el territorio de Venezuela desde el 12 de febrero de 2014, a fin de determinar si se ha de acusar de la comisión de tales crímenes a una o varias personas determinadas (Situación Venezuela I).

---

70    The Office of the Prosecutor, CPI, *Informe sobre las actividades del examen preliminar 2019*, 5 de diciembre de 2019.

En el Examen Preliminar, la Fiscalía ha examinado varias formas de conductas alegadas en el contexto de las olas de protestas contra el Gobierno, y su calificación jurídica en los términos del artículo 7 del Estatuto de la CPI, entre otras las siguientes: homicidios y lesiones a manos de fuerzas de seguridad en coordinación con civiles armados pro-Gobierno, privación de libertad y desaparición forzada de detenidos, maltrato y tortura de detenidos, crímenes sexuales y por motivos de género en el contexto de la detención, y presuntos actos de persecución de disidentes políticos.

33. Parece evidente la existencia de un fundamento suficiente para que la CPI pase del examen preliminar a la apertura de una investigación, cuanto antes, dada la gravedad de los hechos en relación con los crímenes de su competencia, a la luz de la información que ha recibido de distintas fuentes y, en particular, de varios órganos independientes y fidedignos.

## 2. Los informes de órganos internacionales independientes y su impacto en el establecimiento y la calificación de los hechos

### A. El impacto de los informes

34. Todo tribunal penal ha de tener muy en cuenta, en sus funciones, los derechos de las víctimas, la información sobre los hechos susceptibles de examen y de investigación, así como la importancia de la prueba. Ciertamente, los informes de órganos internacionales independientes ayudan en la investigación de los hechos por la Fiscalía de la CPI. En el *Informe sobre las actividades de examen preliminar 2019*, esa Fiscalía afirma que ha analizado "múltiples comunicaciones con arreglo al artículo 15, junto con información de fuentes públicas, incluidos informes de organizaciones de la sociedad civil y *think-tanks* venezolanos e internacionales, la Oficina del Alto Comisionado de las Naciones Unidas para los Derechos Humanos (ACNUDH), el Grupo de Trabajo de las Naciones Unidas sobre la Detención Arbitraria, la Comisión

Interamericana de Derechos Humanos y la Organización de Estados Americanos (OEA)"[71].

35. La CIJ ha tenido ocasión de pronunciarse sobre la relevancia de los informes de las misiones internacionales independientes para la determinación de los hechos vinculados a graves violaciones de los derechos humanos, en el contexto del asunto sobre la *Aplicación de la Convención sobre la prevención y el castigo del crimen de genocidio (Gambia c. Myanmar)*, y a través de la opinión individual en este asunto del juez Cançado[72]. En este asunto, el Consejo de Derechos Humanos estableció una misión relativa a Myanmar y a las violaciones de los derechos humanos de la población Rohingya mediante la Resolución 34/22. Esa misión determinó en varios informes la existencia de graves violaciones de los derechos humanos y del derecho internacional humanitario contra la población civil en el territorio de Myanmar, cometidos principalmente por las fuerzas de seguridad, y señaló la impunidad en el plano interno junto a la falta de cooperación del Gobierno con la misión. Además, Gambia se apoyó en su demanda en la determinación de los hechos de la relatora especial del Consejo de Derechos Humanos sobre la situación de los derechos humanos en Myanmar.

## B. Informes de órganos de Naciones Unidas

36. Mediante la Resolución 42/25, de 27 de septiembre de 2019,[73] el Consejo de Derechos Humanos estableció una MDH, anteriormente citada, que adoptó unas *Conclusiones detalladas sobre la República Bolivariana de Venezuela*, en relación con

> las ejecuciones extrajudiciales, las desapariciones forzadas, las detenciones arbitrarias y las torturas y otros tratos crueles, inhumanos o degradantes cometidos desde 2014, a fin de asegurar la plena rendición de cuentas de los autores y la justicia para las víctimas[74].

Este tipo de misiones sirve, también, para poner de manifiesto la buena fe y la voluntad de cooperación del Estado con la MDH y con el Consejo de Derechos Humanos; en este caso, sabido es que Venezuela no admitió la investigación en su territorio ni tuvo una actitud dialogante que permitiera incluso exponer la posición del Estado, lo que sin duda supone limitar las funciones de este órgano. Pues bien, como se ha expuesto líneas arriba, esta investigación identificó "incidentes y patrones específicos que establecen motivos razonables para creer que se han cometido violaciones del Derecho internacional de los derechos humanos y del Derecho penal internacional";[75] de hecho, la MDH concluye que las violaciones y crímenes documentados en su informe

> corresponden a conductas que pueden calificarse jurídicamente, en virtud del artículo 7 del Estatuto de Roma, como crímenes de lesa humanidad de asesinato, encarcelamiento u otra privación grave de la libertad física en violación de normas fundamentales del Derecho internacional, tortura, violación o cualquier otra forma de violencia sexual de gravedad comparable, desaparición forzada de personas y otros actos inhumanos de carácter similar que causen intencionalmente grandes sufrimientos o lesiones graves al cuerpo o a la salud mental o física [...] Algunas de las mismas conductas también pueden constituir el crimen de lesa humanidad de persecución[76].

Más concretamente, respecto a la represión política selectiva, la MDH concluye que:

> Encuentra motivos razonables para creer que durante el periodo que se examina se utilizaron detenciones arbitrarias para atacar a personas por su afiliación, participación, puntos de vista, opiniones o expresión política. La Misión también tiene motivos razonables para concluir que esas detenciones arbitrarias no constituyeron actos aislados o aleatorios. La reiteración de la conducta, las similitudes en el modus operandi y la participación de diferentes instituciones estatales en distintos niveles, como se ilustra a continuación y se informa en los relatos de las víctimas, los testigos y otras fuentes muestran que las detenciones arbitrarias de opositores o críticos se llevaron a cabo de manera sistemática[77].

En el marco de las operaciones de seguridad policial y militar, a gran escala o específicas, la MDH estimó que "el análisis de toda la información provee un indicio claro de que los casos específicos investigados en detalle hacen parte de un patrón de conducta más amplio". De esos casos se deduce la práctica de detenciones arbitrarias, tortura, desapariciones forzadas, el descubrimiento de fosas comunes y ejecuciones extrajudiciales[78]. En el contexto de las protestas, la MDH constató que el Gobierno "respondió a las protestas masivas con operaciones coordinadas, contando con un alto nivel de apoyo logístico" y tenía motivos razonables para creer que hubo arrestos y detenciones arbitrarias, actos de tortura, tratos crueles, inhumanos o degradantes, entre otros actos[79]. Y la MDH determinó que las violaciones y delitos habían "afectado de manera diferente a las mujeres, las niñas, los hombres y los niños, debido a los roles de género subyacentes, las desigualdades y los estereotipos previamente establecidos en la sociedad venezolana"[80]. Asimismo, en el plano de la responsabilidad estatal, la MDH entiende que "la falta de investigación y de enjuiciamiento de los autores de esas violaciones puede en sí misma dar lugar a una violación separada de las obligaciones internacionales del Estado". Por último, la MDH deja claro que sus conclusiones se basan en un criterio de prueba particular en el que

> los hechos están establecidos si hay motivos razonables para afirmarlos. Este criterio es inferior tanto al criterio requerido para una condena penal (convicción más allá de toda duda razonable) como a la prueba de equilibrio o probabilidad y asuntos civiles (lo que significa que es más probable que algo haya sucedido).

Así, la MDH entiende que sus conclusiones

> no equivalen a una condena penal y la información que se presenta aquí es, en la mayoría de los aspectos, inferior a la que se necesitaría para lograr una condena penal. La determinación de la responsabilidad penal individual de las personas mencionadas en esta sección debe ser realizada por las autoridades judiciales competentes[81].

Cabe precisar, al respecto, que las Salas de Cuestiones Preliminares de la CPI han entendido que el estándar de prueba establecido en el artículo 53 del Estatuto de la CPI es el de una justificación razonable para creer que se ha cometido o se está cometiendo un crimen de su competencia[82].

37. La Alta Comisionada de las Naciones Unidas para los Derechos Humanos (ACNUDH) sí tuvo la posibilidad de visitar Venezuela y emitió un informe, el 12 de julio de 2019,[83] en cumplimiento de la resolución 39/1 del Consejo de Derechos Humanos,[84] que se centró en la situación de los derechos humanos desde 2018 y desarrollos pertinentes que tuvieron lugar con anterioridad. Como sucedió con el informe de la MDH, en este informe de 2019 se determinó la existencia de "patrones de violaciones que afectan directa e indirectamente a todos los derechos humanos: civiles, políticos, económicos, sociales y culturales". Esta oficina de Naciones Unidas ya se había pronunciado en términos similares, en 2017 y 2018, en el contexto de las protestas masivas ocurridas en periodos determinados. En junio de 2018, el ACNUDH sostuvo que la CPI debía intervenir supletoriamente, pues el Estado no tenía la capacidad ni la voluntad de intervenir ante las graves violaciones de derechos humanos[85]. El equipo del ACNUDH no pudo entrar en territorio venezolano en 2017, pero llegó a la conclusión de que las fuerzas de seguridad habían "utilizado sistemáticamente fuerza excesiva y realizado detenciones arbitrarias de las personas que participan en manifestaciones. También documentó la existencia de patrones de malos tratos, que en ocasiones podrían llegar a constituir tortura, malos tratos y violaciones graves del derecho al debido proceso por parte de las autoridades venezolanas en perjuicio de las personas detenidas en relación con las protestas", y "algunas detenciones podrían constituir desapariciones forzadas", si bien, a su vez, se reconoció que "algunos grupos de manifestantes antigubernamentales poco organizados han recurrido a medios violentos". En suma, ya

---

82 *Situation in the Republic of Kenya*, causa número ICC-01/09, Decisión de 31 de marzo de 2010, Sala de Cuestiones Preliminares II, párrafo 35.

83 A/HRC/41/18 y A/HRC/41/18/Add.1 para los comentarios del Estado.

84 A/HRC/RES/39/1.

85 Informe de ACNUDG, *Violaciones de los derechos humanos en la República Bolivariana de Venezuela: una espiral descendente que no parece tener fin*, junio de 2018, disponible en https://www.ohchr.org/Documents/Countries/VE/VenezuelaReport2018_SP.pdf

en 2017 el ACNUDH consideró que las autoridades estatales habían ejercido un uso excesivo de la fuerza, causado muertes violentas, violado el derecho a la integridad física durante las protestas, destruido propiedad privada, torturado y ejercido malos tratos de personas detenidas en las protestas, detenido arbitrariamente, y violado los derechos de reunión pacífica y de libertad de expresión[86].

38. En definitiva, los órganos de Naciones Unidas que se han ocupado de los hechos subyacentes a la Situación I han constatado que en Venezuela se han cometido en los últimos años crímenes de lesa humanidad, teniendo conocimiento de esos actos generalizados y sistemáticos, o incluso habiéndolos organizado o controlado, las más altas autoridades del Estado. Esos órganos han comprobado, a mayor abundamiento, que el Estado no ha querido poner fin a la impunidad mediante la adopción de las acciones necesarias para prevenir y castigar tales crímenes. Estas conclusiones llaman a la acción de la CPI y a la responsabilidad internacional de proteger los derechos humanos.

## C. Informes de la OEA

39. El 29 de mayo de 2018 salió a la luz el informe de la Secretaría General de la OEA y del Panel de Expertos Independientes sobre la posible comisión de crímenes de lesa humanidad en Venezuela (en adelante, *Informe OEA de 2018*), que no pudo realizarse sobre el territorio del Estado[87]. Este informe sirvió de base para la remisión por seis Estados Partes en el Estatuto de la situación venezolana a la Fiscalía de la CPI.

40. La OEA estimó que

> existe fundamento suficiente que satisface los criterios de prueba contemplados en el artículo 53 del Estatuto de la CPI, para considerar que los actos a los que se ha visto sometida la población civil, que se remontan

---

86    Informe de ACNUDH, *Violaciones y abusos de los derechos humanos en el contexto de las protestas en la República Bolivariana de Venezuela del 1 de abril al 31 de julio de 2017*, disponible en https://www.ohchr.org/Documents/Countries/VE/HCReportVenezuela_1April-31July2017_SP.pdf

87    *Informe de la Secretaría General de la OEA y del Panel de Expertos Independientes sobre la posible comisión de crímenes de lesa humanidad en Venezuela*, 29 de mayo de 2018, disponible en http://www.oas.org/documents/spa/press/Informe-Panel-Independiente-Venezuela-ES.pdf

por lo menos al 12 de febrero de 2014, constituyen crímenes de lesa humanidad, de conformidad con lo que establece el artículo 7 del Estatuto de la CPI, incluyendo los crímenes de asesinato, encarcelación, tortura, violación y otras formas de violencia sexual, persecución y desaparición forzadas, descritos ampliamente en este informe"[88].

41. Más concretamente, en el *Informe OEA de 2018* se constata que los ataques del Gobierno no se limitan a la oposición política, sino que alcanzan a "miembros de las fuerzas armadas que no demuestran suficiente respaldo al Régimen o que no defienden la ideología política del 'socialismo del siglo xxi', [...] al movimiento estudiantil, [...] a todo magistrado que dicte fallos en contra de las posiciones del Gobierno, entre otros"[89]. Por consiguiente, en el documento se sostiene que el Régimen considera como enemigo interno a cualquier persona que tenga una opinión contraria al Gobierno. En esta línea de consideraciones, la OEA incide en la persecución sistemática y generalizada, en el sentido del artículo 7.1.h) del Estatuto de la CPI, pues "aunque la persecución sistemática del Gobierno ha sido dirigida hacia sus oponentes políticos, también han sido objeto de persecución jueces, estudiantes, profesores, periodistas, líderes de la sociedad civil, dirigentes de ONGs, defensores de derechos humanos y hasta policías y oficiales disidentes de las fuerzas armadas. Cualquier persona puede ser considerada como enemigo interno". Y esa persecución se manifiesta de múltiples formas y en conexión con otros actos prohibidos en el artículo 7 del Estatuto de la CPI, a saber: el asesinato, la tortura, la encarcelación y formas de violencia sexual[90]. La política de Estado "se evidencia en la cantidad de fuerzas de seguridad diferentes que participaron de manera coordinada del ataque" y también se evidencia "en tres niveles diferentes: por un lado, el ataque planificado, dirigido y organizado, que empleó la violencia como patrón de conducta contando para ello con recursos públicos, es decir, las violaciones en sí mismas. En un segundo nivel podemos encontrar las diferentes y numerosas acciones y documentos oficiales que forman parte

---

88  *Informe OEA de 2018,* p. 389.
89  *Ibídem,* pp. 26 y ss.
90  *Ibídem,* p. 167.

de un mismo curso de conducta. Y, por último, los pronunciamientos públicos de altos funcionarios destinados a incentivar o alentar la comisión de los crímenes de lesa humanidad, especialmente, el crimen de persecución"[91]. En conclusión, el panel de expertos independientes de la OEA entendió que

> existe fundamento razonable para creer que desde, al menos el 12 de febrero de 2014 se está llevando a cabo un ataque a la población civil en Venezuela de acuerdo a una política del Estado para suprimir visiones y opiniones disidentes a las del Gobierno del presidente Nicolás Maduro[92].

42. La Secretaría General de la OEA había presentado informes y documentos anteriores al de 2018, en los que se pretendió documentar y denunciar las graves violaciones de los derechos humanos[93].

## III. Conclusiones Un fundamento suficiente para abrir una investigación

43. Los Estados, también Venezuela, tienen la obligación de derecho internacional general de no incurrir en actos que constituyan crímenes de lesa humanidad, así como la obligación de emplear todos los medios necesarios legislativos, administrativos, judiciales u otros medios apropiados, de conformidad con el derecho internacional, para su prevención y castigo. Y no pueden invocarse circunstancias excepcionales, como la inestabilidad política interna o la intervención espuria de potencias extranjeras, a modo de justificación del incumplimiento de dichas obligaciones.

La Fiscalía de la CPI ya ha debido examinar la competencia material o los crímenes presuntamente cometidos en Venezuela durante un periodo determinado, con arreglo al artículo 15 de la CPI. A la luz de toda la información recibida, en particular, la suministrada por las víctimas y por los informes de los órganos independientes de organizaciones internacionales universales y regionales, esa Fiscalía debería haber concluido sobre el cumplimiento de los criterios de admisibilidad del artículo 17, y sobre la existencia de bases jurídico-fácticas junto a un fundamento suficiente para abrir una investigación que, indudablemente, redundaría en interés de la justicia. Esos informes de los órganos independientes ponen un cuidado especial en comprobar los elementos contextual y subjetivo de los crímenes de lesa humanidad, esto es, que ha tenido lugar un ataque sistemático y generalizado contra la población civil, especialmente, contra miembros de la oposición política, del que las personas que lo cometieron tenían conocimiento.

No se trata con este trabajo de expresar un *horror vacui* judicial o de justificar una intervención puramente ornamental de la CPI, sino de razonar que esta institución internacional debe hacer frente a la impunidad ante las evidencias de violaciones graves de los derechos humanos en Venezuela que son de su competencia. La humanidad es la víctima.

# CAPÍTULO IV

# Los crímenes cometidos desde 2014: las pruebas y evidencias en el proceso ante la Corte, con especial referencia a la Situación I en consideración por la Fiscalía de la Corte.

Blas Jesús Imbroda Ortiz[94]

## Sumario

1. Crímenes continuados y ausencia de estado de derecho. 2. Actuaciones de la Fiscalía de la CPI. 3. Denuncias y pruebas de crímenes de lesa humanidad en Venezuela. 4. Acreditación de los elementos del crimen de lesa humanidad. 5. Conclusión.

---

94  Abogado, doctor en Derecho y presidente de la Subcomisión de Extranjería y Protección Internacional del Consejo General de la Abogacía Española. Expresidente del Colegio de Abogados Penal Internacional. Máster en Derecho Penal Internacional. Profesor Asociado de Derecho Penal de la Universidad de Granada (España).

# 1. Crímenes continuados y ausencia de estado de derecho

1. La comisión de crímenes de lesa humanidad cometidos en Venezuela por el régimen chavista-madurista cobra especial relevancia y gravedad al tratarse de crímenes continuados. Esta nota le confiere un carácter singular en relación a los casos que ha venido conociendo la CPI, en los que los crímenes que se investigaban y de los que algunos han sido ya juzgados, se cometieron en un espacio geográfico y en un periodo temporal determinado. En Venezuela, como parte consustancial de la política gubernamental para sostener la dictadura y anular cualquier movimiento que genere riesgos o la posibilidad de perder el poder, se actúa sin límite reprimiendo cualquier contestación y persiguiendo al adversario. Se instala una política de terror diseñada y organizada perfectamente desde los aparatos del poder, con apoyo de los servicios de inteligencia de otra dictadura, Cuba, especializada y con décadas de experiencia en el control social y en la represión.

2. A lo expuesto hay que unir la ausencia absoluta de un verdadero Estado de Derecho, que consagre, proteja y tutele los derechos fundamentales de las personas, y la ausencia de los principios que deben inspirar un estado democrático de derecho, entre ellos el del sometimiento de los poderes públicos a la ley. Corolario a lo anterior, es la falta absoluta de independencia de los jueces, quienes actúan sometidos al poder político. Y con el mismo control se encuentra la Fiscalía. Basta comprobar que las instalaciones de la Fiscalía General de Venezuela fueron asaltadas y ocupadas, así como la residencia de la fiscal general por el SEBIN en 2017, cuando se iniciaron investigaciones por la brutal represión de las manifestaciones que costaron centenares de vidas. Y también es reflejo de esa perversión del derecho por parte del poder para conservarlo, que los magistrados, legítimamente nombrados, del Tribunal Supremo, están perseguidos y se encuentran en el exilio, al no ser adeptos al régimen dictatorial y en consecuencia no poder ser sometidos a las órdenes que se les imparta.

3. Todo ello deriva en una doble finalidad buscada por el régimen, de

un lado que todos los aparatos del Estado, incluidos el judicial y la Fiscalía, encubran, apoyen y faciliten la represión que en todos los órdenes lleva a cabo el poder político, y de otra, la impunidad de los perpetradores e inductores.

4. Los crímenes de lesa humanidad son inherentes a las dictaduras de corte tiránico, entendiendo por tal aquellas que carecen del menor respeto a los más mínimos derechos de los ciudadanos, anteponiendo el sacrificio de estos, incluido el respeto a la vida, ante el menor riesgo de pérdida del poder. Para ello, desde los aparatos del poder se ataca de forma generalizada y sistemática a la población, reprimiendo permanentemente cualquier contestación que ponga en riesgo la permanencia en el poder, y cometiendo para ello asesinatos, torturas, detenciones arbitrarias, persecuciones de toda índole, entre otros muchos actos criminales.

5. Que estemos ante crímenes de lesa humanidad continuados, precisa que la Fiscalía de la CPI actúe con agilidad y celeridad, lo que sin embargo no ha ocurrido en el Examen Preliminar Venezuela I, por razones que entiendo debieran provocar una reflexión y un análisis crítico en el propio funcionamiento de la Fiscalía de la CPI.

## 2. Actuaciones de la Fiscalía de la CPI

6. La dictadura que implantó Chávez fue objeto de distintas denuncias ante la CPI. Así, tras la entrada en vigor del Estatuto de Roma en julio de 2002, en la anterior década se presentaron denuncias ante la Fiscalía que no tuvieron acogida. Sin embargo, desde el inicio la Fiscalía de la CPI centró su foco de atención en situaciones que afectaban al continente africano.

   La primera sentencia ocurrió en el año 2012, por la que se condenaba al líder de la Unión de Patriotas Congoleses Tomás Lubanga Dylo por crímenes de guerra a la pena de 14 años de prisión, acusado de alistar a niños menores de 15 años para participar activamente en hostilidades y enfrentamientos en la República Democrática del Congo (RDC) entre septiembre de 2001 y agosto de 2003. Posteriormente, en

2014, fue juzgado y condenado a 12 años de prisión Germain Katanga por crímenes de guerra y de lesa humanidad cometidos durante un ataque en 2003 a la aldea de Bogoro en la RDC.

Han sido otros los juicios y procedimientos que se han iniciado o celebrado con desigual resultado. Se inició el caso de Kenya en el que se intentó juzgar al presidente Uhuru M. Kanyatta, por dirigir presuntamente la violencia étnica que tuvo lugar después de las elecciones generales de 2007, en la que murieron unas 1200 personas, y cuyos cargos fueron retirados. Se sentaron definitivamente en el banquillo al vicepresidente William S. Rutto y A. Joshua A. Sang. Si bien desarrollado parte del juicio se decretó, con una decisión de dos magistrados a favor y la magistrada Herrera en contra, el archivo por falta de pruebas, y por los obstáculos afrontados por los testigos y "la inadmisible intromisión política en el caso", según uno de los magistrados.

Otro caso fue el de la "Situación en Mali", por el que se acusaba a Ahmad Al Faqi Al Mahdi, de crimen de guerra por atacar y destruir construcciones religiosas históricas en Tombuctú. Al inicio del juicio se declaró culpable de este crimen. Fue condenado a nueve años de prisión.

En este resumen de casos juzgados ante la Corte Penal Internacional, que como comprobamos están centrados en el continente africano, destaca el juicio que se celebró contra Jean Pierre Bemba (Situación en la República Centroafricana), quien había sido vicepresidente de la República Democrática del Congo, y que fue condenado en junio de 2016 a 18 años de prisión por crímenes de guerra y crímenes de lesa humanidad. En junio de 2018, la Sala de Apelaciones revocó la sentencia absolviendo al acusado.

Por último, también se menciona el juicio que se celebró contra el que fuera presidente de Costa de Marfil Laurent Gbagbo y su ministro de la Juventud, Chartles Blé Goudé por crímenes de lesa humanidad. En 2016 la Fiscalía acusó a Gbagbo y a Blé Goudé de crímenes de lesa humanidad al entender que dirigieron "un plan común" para mantener al expresidente en el poder por la fuerza. Entre los crímenes en su contra, figuraban los de asesinato, violación, persecución y otros actos inhumanos. En enero de 2019, la Sala, por mayoría de los magistrados, los absolvió. En el comunicado que hizo público el Tribunal se decía lo siguiente:

> Después de un examen cuidadoso de las pruebas, la Corte concluye por mayoría que el fiscal no ha demostrado varios elementos esenciales de los presuntos delitos atribuidos, entre estos la existencia de un "plan común" para mantener a Gbagbo en el poder.

La fiscalía tampoco demostró la existencia de comportamientos de violencia pertenecientes a una política dirigida contra la población civil. Ante la falta de pruebas, la Corte los absolvió "de todos los cargos de crímenes de lesa humanidad presuntamente cometidos en *Côte d'Ivoire* en 2010 y 2011" y decidió su puesta en libertad. La sentencia está en apelación.

## 3. Denuncias y pruebas de crímenes de lesa humanidad en Venezuela

7.  El 27 de septiembre de 2018, los presidentes de la República Argentina, de Colombia, de Chile, de Paraguay, de Perú y de Canadá solicitaron se iniciara la investigación contra los responsables de crímenes de lesa humanidad en Venezuela. En el punto 2.1 del escrito se decía lo siguiente:

> El 8 de febrero de 2018, la Fiscalía de la CPI dispuso que se abriera un "examen preliminar" para analizar si, al menos desde abril de 2017, se han cometido en Venezuela crímenes de competencia de la Corte en el marco de manifestaciones y de la inestabilidad política conexa. A tal efecto, la Fiscalía consideró la información que le fue proporcionada meses atrás por la Fiscal General destituida de Venezuela, señora Luisa Ortega.

Y así fue, el 16 de noviembre de 2017, la fiscal general de Venezuela presentó una amplia denuncia (en la que trabajé con ella y su equipo) por crímenes de lesa humanidad que aportaron abundante documentación. Por primera vez la Fiscalía de la Corte tenía en su poder numerosas pruebas (en torno a 2000 documentos), procedentes de fuentes no abiertas, es decir, de fuentes cerradas, de la propia Fiscalía General de Venezuela.

En enero de 2018, se presentó la denuncia que aportó las pruebas y evidencias de la masacre en el Junquito, que acabó con la vida del inspector Oscar Pérez y seis personas más. Posteriormente, ha continuado aportando otras pruebas.

8.  Ante la abundante prueba presentada por la que había sido fiscal general de Venezuela, la Fiscalía de la Corte abrió el Examen Preliminar.

    Podríamos también afirmar que podía haberse abierto antes, y que observando la deriva del régimen y la represión que de toda índole se llevaba a cabo, podría y debería haberse abierto antes el Examen Preliminar.

9.  Hay abundantes pruebas y evidencias sobre los crímenes de lesa humanidad que se han cometido en Venezuela. Merece la pena destacarse los informes e investigaciones que se han llevado a cabo por distintos organismos:

    • Informe de la Oficina de Derechos Humanos de las Naciones Unidas sobre violaciones y abusos de los derechos humanos en el contexto de las protestas en la República Bolivariana de Venezuela del 1 de abril al 31 de julio de 2017 (publicado en agosto de 2017). Se denunciaban en las conclusiones los múltiples abusos y violaciones de derechos humanos que se habían cometido en el contexto de las protestas antigubernamentales, hechos que apuntaban a la "existencia de una política destinada a reprimir el disenso político e infundir temor en la población a fin de frenar las manifestaciones". Se destacaba "el uso generalizado y sistemático de fuerza excesiva durante las manifestaciones y la detención arbitraria de manifestantes y presuntos opositores políticos denota que no se trata simplemente de actos ilegales o insubordinados de funcionarios aislados". Era en ese momento alto comisionado de derechos humanos el príncipe jordano Zeid bin Ra'ad.

    • Informe de la Oficina de Derechos Humanos de las Naciones Unidas publicado (22 de junio de 2018). Puso de relieve el hecho de que las autoridades venezolanas no habían responsabilizado a los autores de graves violaciones de los derechos humanos, entre las que se incluyen homicidios, el uso excesivo de la fuerza en contra de manifestantes, detenciones arbitrarias, malos tratos y tortura. El informe ofreció una actualización con respecto a violaciones de los derechos humanos que fueron documentadas en el informe anterior. Documentó los testimonios "creíbles e impactantes sobre las ejecuciones extrajudiciales perpetradas en el curso de presuntas operaciones de lucha contra del crimen que se llevaron a cabo desde 2015 bajo la denominación de 'Operaciones de Liberación del Pueblo (OLP)'". Seguía siendo alto comisionado el príncipe jordano.

- Informe de la Oficina de Derechos Humanos de las Naciones Unidas (4 de julio de 2019) por el que insta a Venezuela a adoptar de inmediato "medidas para detener y remediar graves violaciones de derechos". Se decía que el Gobierno venezolano y sus instituciones habían puesto en marcha una estrategia "orientada a neutralizar, reprimir y criminalizar a la oposición política y a quienes critican al Gobierno". "Un conjunto de leyes, políticas y prácticas que ha reducido el ámbito democrático, ha desmontado el sistema de control institucional sobre el poder ejecutivo y ha permitido la reiteración de graves violaciones de derechos humanos". Se denunciaba y acreditaban detenciones arbitrarias, malos tratos y torturas a críticos del Gobierno y a sus familiares, violencia sexual y de género perpetrada durante los periodos de detención y las visitas, y uso excesivo de la fuerza durante las manifestaciones. Era alta comisionada de derechos humanos Michelle Bachelet.

- Panel de Expertos Internacionales Independientes, organizado por la Organización de Estados Americanos (OEA) que concluyó que se habían cometido crímenes de lesa humanidad en Venezuela. Se practicaron y aportaron numerosas pruebas: 26 testimonios de testigos que prestaron declaración en cinco audiencias públicas organizadas por la Secretaría General; docenas de testimonios de víctimas y familiares de víctimas; documentos escritos entregados por más de 40 organizaciones no gubernamentales venezolanas e internacionales. En las conclusiones del informe se identificaron 131 víctimas de asesinatos que tuvieron lugar durante las protestas de 2014 y 2017, cometidos por miembros de las fuerzas de seguridad del Estado y los colectivos; 8292 ejecuciones extrajudiciales documentadas desde 2015; más de 12 000 venezolanos arbitrariamente detenidos, encarcelados o sujetos a otras severas privaciones de libertad física desde las elecciones presidenciales de 2013; más de 1300 presos políticos (personas que fueron detenidas por su oposición al Gobierno). Y se "identificó un patrón generalizado y sistemático de abuso dirigido a un segmento identificado de la población civil en Venezuela".

- Otras ONG y asociaciones han emitido informes y aportado pruebas y evidencias de la comisión de crímenes de lesa humanidad en Venezuela, como es el caso de Amnistía Internacional en su informe de mayo de 2019 *Hambre de justicia: crímenes de lesa humanidad en Venezuela* en el que se denuncian las ejecuciones extrajudiciales selectivas, detenciones arbitrarias, y muertes y lesiones por uso excesivo de la fuerza que ha utilizado el gobierno de Nicolás Maduro de forma sistemática y generalizada desde al menos el 2017, pueden constituir crímenes de lesa humanidad. O los sucesivos informes que ha emitido el Foro de Abogacía Penal de Venezuela o de Human Rights Watch, entre otros.

- Por último, es de destacar el Informe y Conclusiones de la Misión internacional independiente de determinación de los hechos sobre la República Bolivariana de Venezuela nombrada por el Consejo de Derechos Humanos de Naciones Unidas, emitido el 15 de septiembre de 2020. Es un trabajo y una investigación extensa y minuciosa en la que se han recabado numerosas pruebas de los crímenes de lesa humanidad cometidos en el país.

10. Como se puede comprobar, además de las numerosas pruebas y evidencias que aportó en noviembre de 2017 la fiscal general de Venezuela en el exilio Dra. Luisa Ortega y propició la apertura del Examen Preliminar, así como las pruebas que ha seguido aportando con posterioridad, al igual que otras pruebas que se han llevado a la Corte por un grupo de trabajo integrado por juristas; también destaca el trabajo de las organizaciones internacionales y asociaciones en la aportación de pruebas y evidencias.

## 4. Acreditación de los elementos del crimen de lesa humanidad

11. Para la acreditación de los crímenes de lesa humanidad continuados en Venezuela, debe probarse de una parte el elemento de contexto, que es el elemento diferenciador del crimen de lesa humanidad con las conductas criminales concretas o delitos comunes. Exige que los actos sean cometidos como parte de un ataque generalizado o sistemático contra la población civil y con conocimiento de dicho ataque. En el crimen de lesa humanidad, tras el ataque generalizado o sistemático, debe haber un vínculo con los aparatos del Estado, con el poder o, en otros casos, con el ejercicio de algún poder de facto sobre un determinado territorio.

    En el caso *Prosecutor v. Kunarac*,[95] se declaró en la sentencia que "el adjetivo generalizado connota la naturaleza a gran escala del ataque y la cantidad de las víctimas".

    En el caso *Prosecutor v. Bagilishema*,[96] se declaró en la sentencia que un ataque sistemático precisa la existencia de una pauta o de un plan metódico, extremo del que también habrá que aportar prueba.

    Y, por otra parte, deben acreditarse los actos individuales: asesinatos; exterminio; encarcelación u otra privación grave de la libertad física en violación de normas fundamentales de Derecho internacional; torturas; persecución de un grupo o colectividad con identidad propia fundada en motivos políticos, raciales, nacionales, étnicos, culturales, religiosos; desaparición forzada de personas; otros actos inhumanos de carácter similar que causen intencionalmente grandes sufrimientos o atenten gravemente contra la integridad física o la salud mental o física, entre otros actos singulares comprendidos en el artículo 7 del Estatuto de la CPI.


12. En el caso de Venezuela concurre la doble modalidad de ataque generalizado y sistemático. No estamos ante actos individuales, aislados o aleatorios, sino ante actos múltiples con una gran cantidad de víctimas.

    El ataque generalizado es de gran escala, siendo miles las víctimas que sufren estos crímenes de lesa humanidad. Todo aquel que discrepa del poder político es una potencial víctima y las represiones contra el pueblo que se han desarrollado y se siguen produciendo son masivas, con un denominador común, la permanente violación de los más elementales derechos fundamentales de la persona y de los derechos humanos.

Por lo que respecta a la exigencia de que un ataque sistemático precisa la existencia de una pauta o de un plan metódico, ha ocurrido y sigue ocurriendo en Venezuela. Los ataques contra la población civil no son ocasionales, han sido y son permanentes. Las persecuciones de distinta índole han sido y son constantes y continuas, y derivan de planes diseñados desde el poder político. Entre otros el Plan Zamora o el Plan Operación para Liberación del Pueblo (OLP).

Se cumple el requisito establecido en el artículo 7.2.a) del Estatuto de que la comisión de múltiples actos, en el ataque contra una población civil, se haga de conformidad con la política del Estado.

Por último, los actos singulares como elemento del crimen de lesa humanidad, desgraciadamente concurren en la trágica situación que sufre el pueblo de Venezuela. Lamentablemente el amplio catálogo de actos criminales que describe el artículo 7 del Estatuto, y definidos en los "Elementos de los Crímenes", se producen desde hace años y se siguen produciendo.

## 5. Conclusión

13. Como se ha expuesto en los apartados anteriores, han sido numerosas las pruebas y evidencias que se han aportado a la Fiscalía de la CPI, de los elementos que integran el crimen de lesa humanidad.

Concurriendo en el caso de Venezuela el principio de complementariedad, pues el régimen dictatorial no va a autojuzgarse en su condición de perpetrador de los crímenes de lesa humanidad y además hay una ausencia absoluta de un estado democrático de derecho, procede finalice la fase de Examen Preliminar y pase a la siguiente fase de investigación que conduzca definitivamente al enjuiciamiento de los responsables de los crímenes de lesa humanidad continuados.

# CAPÍTULO V
# La prevención de los crímenes internacionales y el rol de la Corte Penal Internacional.

## Milagros Betancourt Catalá[97]

## Sumario

Introducción. 1. La acción preventiva: Superación del principio de no intervención. El individuo como sujeto de derecho internacional. La supremacía de los derechos humanos, compromiso de la comunidad internacional. 2. La función preventiva a la luz de naturaleza jurídica de la Corte Sancionatoria: La responsabilidad penal internacional del individuo y preventiva: efecto en la sociedad 3. Los medios de la Corte para ejercer su función preventiva: El Examen Preliminar y el inicio de la investigación y sus efectos disuasorios. El principio de complementariedad. La obligación de cooperar. El carácter complementario de la Corte y la responsabilidad

---

97  Profesora de Derecho internacional, exembajadora del Servicio Exterior de Venezuela, negociadora por Venezuela del Estatuto de Roma.

de proteger. Obstáculos a la prevención. La situación de Venezuela y la labor preventiva de la Corte.

## Introducción

Me corresponde iniciar el foro con un tema que usualmente ocupa poco espacio en el análisis de la Corte, como lo es su labor preventiva que, junto con la sancionatoria, debe cumplir y desarrollar para su eficaz funcionamiento.

Con la adopción del Estatuto de Roma y la creación de la Corte, la comunidad internacional vio cumplido el anhelo de contar con una instancia jurisdiccional permanente, autónoma e independiente para sancionar a los responsables de los crímenes más graves contra la humanidad y para evitar la impunidad, la cual no se vio enfrentada con decisión hasta los procesos de Nüremberg y Tokio, y luego con los Tribunales *Ad hoc* para la antigua Yugoslavia y Ruanda creados por el Consejo de Seguridad de la ONU en 1992. Todas estas, instancias *ex post facto*.

La decisión de los Estados, sin embargo, en avanzar en la creación de la Corte Penal Internacional, fue la de darle una doble dimensión, vinculada a los fundamentos y fines del derecho penal internacional: sancionar y prevenir.

La mayoría de quienes participaron en el proceso de elaboración del Estatuto de Roma asumieron que el valor del nuevo tribunal reside en su mensaje de disuasión, en su potencial para impedir atrocidades futuras. Al decir del profesor M. Cherif Bassiouni, presidente del Comité de Redacción de la Conferencia de Diplomática en la que se adoptó el Estatuto, "el castigo de los criminales de guerra debería estar motivado primordialmente por su efecto disuasorio, por el ímpetu que les da a las pautas de perfección de la conducta internacional"[98].

Previamente el mismo Bassiouni en la ceremonia de apertura de la firma del Estatuto Roma expresó que

---

98  Bassiouni, M.Cherif, *Crimes against Humanity in International Law,* Nijthoff, La Haya, 1992, p.14.

La CPI no será una panacea para todos los males de la humanidad. No eliminará los conflictos, no resucitará a las víctimas o regresará a los sobrevivientes a sus condiciones iniciales de bienestar y tampoco llevará a la justicia a todos los perpetradores de los crímenes atroces. Pero si contribuirá a evitar algunos conflictos, prevenir algunas victimizaciones y llevar a la justicia a muchos de los perpetradores de esos crímenes. En esa labor, la Corte fortalecerá el orden internacional para contribuir *a la paz y la* seguridad. Como tal la CPI como cualquier otra institución nacional sumará su contribución a la humanización de la civilización[99].

Lo cierto es que para entonces ya se tenía conciencia de que los crímenes internacionales, es decir aquellas conductas delictivas atroces que atentan contra la persona humana que por su gravedad trascienden a la comunidad internacional[100] producen una vulneración en el orden internacional, pues atentan contra las normas de protección de los derechos humanos. Y que la sanción, si bien es parte de la lucha contra la impunidad, no es la tarea exclusiva de la nueva Corte. La prevención es una función que la justifica y que se relaciona como veremos con el inicio de los Exámenes Preliminares, la complementariedad, la cooperación por parte de los Estados y el inicio de la investigación formal, es decir, cuando se comienzan los juicios para establecer la responsabilidad individual, tras la autorización de la Sala de Cuestiones Preliminares.

Hoy en día, las experiencias vividas en distintos países y sus sociedades han evidenciado que una situación en la que se produzcan violaciones masivas a los derechos humanos y se cometan crímenes internacionales genera diversas consecuencias tanto para el país que la sufre, como para el entorno. Da lugar al resquebrajamiento de la institucionalidad, ruptura del Estado de derecho, corrupción, aumento de la pobreza y migraciones o éxodos masivos que afectan principalmente a los países vecinos y puede poner en peligro la paz y la seguridad regional o universal, según las circunstancias.

---

99  Bassiouni, M.Cherif, *The Statute of the International Criminal Court. A documentary history.* Transnational publishers, Inc. Ardsley, New York, 1998, página xxi.

100  Rodríguez Cedeño, V., Betancourt C. M., Torres Cazorla, M. Diccionario de Derecho Internacional. Segunda edición. Libros El Nacional. Caracas, 2011, página 86.

# 1. La acción preventiva:

La doctrina, entre ellas las autoras Alicia Gil Gil y Elena Maculan, coincide en considerar que la acción preventiva está relacionada con el mantenimiento del orden jurídico internacional y su ejercicio unido a los avances que han permitido la aplicación misma del derecho penal internacional:

- La superación del principio de no intervención en los asuntos internos de los Estados
- El individuo como sujeto de derecho internacional
- La preeminencia de los derechos humanos adoptada por los Estados a través de los convenios, acuerdos y pactos adoptados.[101]

Aun cuando tanto en la normativa como en la doctrina se le haya dado mayor peso a la dimensión sancionatoria, la preventiva tiene, tal vez, para la sociedad mayor importancia, y la Corte, a través de los principios y mecanismos pertinentes, debe cumplirla a cabalidad. Sin disminuir su sanción sancionatoria debo decir acá que incluso, lo que reconocen algunos, el castigo de los autores sería menos importante que la determinación de la verdad, el reconocimiento de las víctimas y la reparación debida a estas.

La acción preventiva de la Corte está expresada principalmente en el párrafo 5 del Preámbulo del Estatuto de Roma en el que los Estados están "decididos a poner fin a la impunidad de los autores de estos crímenes y contribuir a la prevención de nuevos crímenes". Estas expresiones deben abordarse con una visión integral, ya que no pueden interpretarse sin tomar en cuenta el contenido del párrafo 4 que compromete a los Estados a "adoptar medidas en el plano nacional e intensificar la cooperación internacional para asegurar que (los crímenes) sean efectivamente sometidos a la acción de la justicia; y al párrafo 10 que dispone el carácter complementario de la jurisdicción de la Corte.

# 2. La función preventiva a la luz de la naturaleza

---

101 Gil Gil, Alicia y Maculan Elena, Responsabilidad de proteger, Derecho penal internacional y prevención y Resolución de conflictos, en La Justicia de transición: concepto, instrumentos y experiencias. Colección Textos de jurisprudencia. Editorial Universidad del Rosario. Bogotá, 2013, página 38.

## jurídica de la Corte:

La CPI, como sabemos, es una institución de doble naturaleza jurídica:
- Es una organización internacional tal como las define el derecho internacional: integrada por Estados, creada mediante un tratado, regida por el derecho internacional, con personalidad jurídica internacional propia.
- Es también un órgano jurisdiccional destinado a impartir justicia, mediante la aplicación del derecho penal internacional, del cual se desprende su doble campo de acción.

**I. Sancionatoria:** Cuya finalidad es hacer justicia, basada en
- Su competencia material, que abarca los crímenes internacionales sobre los cuales puede ejercer su jurisdicción y;
- La responsabilidad penal internacional del individuo, que ya hemos mencionado.

**II. Preventiva:** Que engloba el mantenimiento del orden jurídico internacional formado por los derechos humanos y la protección de los bienes jurídicos fundamentales a través del efecto preventivo de la pena que debe estar orientada a crear una conciencia universal sobre la prohibición y consecuencias de determinados actos, además de los efectos particulares que la imposición de la pena misma pueda generar en el perpetrador del crimen[102].

## 3. Los medios para ejercer la acción preventiva. El principio de complementariedad y la obligación de cooperar

La complementariedad es el pilar central y la columna vertebral de todo el sistema de la Corte establecido en el Estatuto de Roma. Otorga a los Estados la prioridad en la obligación de investigar y sancionar los crímenes cometidos en su territorio y/o por sus nacionales. Pone énfasis en la

---

102 *Ibídem* 5, página 147.

legislación doméstica de los Estados, lo que hace de la Corte una instancia complementaria, no de alzada o sustituta de los tribunales domésticos y que no ejercerá su competencia ni podrá enjuiciar a los presuntos responsables de crímenes internacionales, a menos que los Estados no tengan la capacidad o la disposición para hacerlo, de conformidad con lo previsto en el ER.

El viernes pasado escuchamos la excelente exposición del profesor Claudio Sandoval, por lo que no creo sea necesario abundar en mayores consideraciones sobre este tema tan importante.

Cabe comentar que la Corte Penal Internacional a través del principio de complementariedad debe jugar un rol preventivo determinante, en la medida en que pueda verificar de manera oportuna y eficiente las cuestiones de inadmisibilidad establecidas en el artículo 17 del Estatuto. En esa misma medida alertará a los Estados en su obligación de impartir justicia y de adoptar medidas internas para prevenir la comisión de nuevos crímenes. Tengamos presente que tanto el derecho penal interno como el derecho internacional son instrumentos para el mantenimiento del orden social.

Cuando las situaciones son evidentes y remitidas por Estados Partes o por el Consejo de Seguridad o cuando la Fiscalía considera que hay razones para abrir un Examen Preliminar y comienza a realizarlo, encontramos una primera indicación del poder sancionatorio de la Corte que sin duda tiene un efecto preventivo o disuasorio, aunque desde luego, ello estaría sometido a la continuación y conclusión efectiva del mismo para dar paso al inicio de la investigación, es decir, de los juicios concretos para castigar a los autores de los crímenes.

El inicio del Examen Preliminar es fundamental a la complementariedad y al ejercicio de la jurisdicción de la Corte, aunque el proceso como tal adolezca de ciertas debilidades, como lo han reconocido expertos en los últimos tiempos. Pero es realmente, como veremos, que el mejor efecto disuasivo es el inicio formal de la investigación tras agotarse el Examen Preliminar y determinarse la admisibilidad de conformidad con el Estatuto.

La propia Fiscalía en el "Documento de política general sobre exámenes preliminares"[103] adoptado en el 2013, indica de manera expresa que procurará reaccionar con prontitud

> ante brotes de actos de violencia a través del fortalecimiento de la interacción anticipada con los Estados, organizaciones internacionales y organizaciones no gubernamentales a fin de verificar la información sobre los crímenes alegados, fomentar procedimientos nacionales auténticos y prevenir la recurrencia de los crímenes.

Por otra parte, es claro que el principio de complementariedad está vinculado con el compromiso de cooperación. Con la adopción del Estatuto de Roma, los Estados, además de aceptar la competencia de la Corte, asumieron la obligación de cooperar con ella para que pueda cumplir cabalmente sus funciones. Son muchos los Estados que han suscrito acuerdos de cooperación con la Corte o han adaptado sus legislaciones para cumplir tal compromiso.

La parte XI del Estatuto desarrolla las figuras de la cooperación internacional y la asistencia judicial entre la Corte y los Estados. En particular, conforme al artículo 88, los Estados se asegurarán que en el derecho interno existan procedimientos aplicables a todas las formas de cooperación que se especifican en el Estatuto.

## 4. El carácter complementario de la Corte y la responsabilidad de proteger

El principio o doctrina de la responsabilidad de proteger, aun en desarrollo, supone un nuevo enfoque del concepto soberanía, entendida actualmente, más allá de un derecho del Estado, como una responsabilidad que centra su atención en el individuo, quien ha sido investido de la facultad de reclamarle al Estado la protección de sus derechos fundamentales y ante su incumplimiento que lo asuma la comunidad internacional.

Las Naciones Unidas en el 2005, tal como aparece en el Informe de la Cumbre Mundial, acordó circunscribir el alcance del principio a las situaciones en las que la vulneración de los derechos humanos constituya crímenes

---

103  www.ICC.org. OTP-Policy-Paper-on-Preliminary-Examinations-November2013-SPA

internacionales como el genocidio, los crímenes de guerra y los crímenes de lesa humanidad o la existencia de situaciones graves que hagan necesario la intervención de la comunidad internacional a fin de reestablecer el orden y recomponer el Estado de derecho, entre otros objetivos.

En cuanto a la Corte, el Secretario General de la ONU Ban Ki Moon, en su Informe sobre el tema presentado a la Asamblea General en 2009, señaló expresamente que el Estatuto de Roma es uno de los pilares claves de la aplicación de la responsabilidad de proteger, la cual, evidentemente, se fundamenta en su carácter complementario en relación con las jurisdicciones nacionales que, como antes indicamos, señala al Estado como primer responsable en la prevención y sanción de los crímenes internacionales.

Para el profesor Héctor Olásolo:

> Las investigaciones de la Fiscalía de la CPI son un llamado de atención al Estado que conecta con la idea de la responsabilidad de proteger, ya que el Estado para evitar la actuación de la Corte se apresurará a investigar y en su caso a sancionar los hechos[104].

## 5. Obstáculos a la prevención

Hay elementos o situaciones que, en definitiva, pueden impedir u obstaculizar la labor preventiva de la Corte, como aquellas en las que ponen en tela de juicio la efectividad de su funcionamiento, en especial en lo que a su actividad preventiva se refiere. Se han identificado algunos de estos obstáculos por parte de la misma Corte, otros han sido señalados por la sociedad civil o las propias víctimas, y tienen relación con la lentitud de los trabajos, la acción extemporánea y hasta una eventual politización de dicha instancia.

En diciembre de 2019, la Asamblea de Estados Parte designó un Grupo de Expertos Independientes (GEI) con el mandato de identificar formas de fortalecer la Corte Penal Internacional y el Sistema del Estatuto de Roma para promover el reconocimiento universal de su papel central en la lucha mundial contra la impunidad y reforzar el funcionamiento

---

104 *Ibídem* 4, página 149.

general, para lo cual debían presentar recomendaciones concretas, alcanzables y viables, destinadas a mejorar el funcionamiento, eficiencia y eficacia de la Corte y del Sistema del ER en su conjunto.

El Grupo de Expertos presentó un informe con 384 recomendaciones, dentro de las que quisiera destacar alguna de ellas relativas al Examen Preliminar y a la complementariedad positiva[105]. En cuanto al primero, señala el Informe: La Fiscalía debería considerar la adopción de un plan estratégico general para cada examen preliminar, con hitos y plazos provisionales para todas sus fases y actividades. En su recomendación 257 propone que los Exámenes Preliminares deben tener una duración máxima de dos (2) años. El fiscal pudiera conceder prórrogas únicamente en circunstancias excepcionales y justificadas.

En cuanto a la complementariedad positiva en la recomendación 262 expone que la Fiscalía no debería tomar en consideración los posibles procesamientos nacionales, sino que debería centrar su atención en si hay o hubo procesamientos (sea objeto o haya sido objeto) como lo establece el artículo 17 del Estatuto.

## 6. La situación de Venezuela y la labor preventiva de la CPI

El foro que nos ha reunido está dirigido a analizar la situación de Venezuela ante la CPI. El Examen Preliminar fue iniciado de oficio por la fiscal en el 2018 y desde entonces la situación de los derechos humanos en el país se ha ido agravando drásticamente, tal como lo han evidenciado los informes del alto comisionado de los derechos humanos, el Panel de Expertos Independientes de la OEA y más recientemente la Misión independiente de Verificación de los hechos del CDH.

Con todas las evidencias de que dispone a través de dichos documentos, cuya consideración es prácticamente mandataria para la fiscal, tal como lo expuso el embajador Víctor Rodríguez Cedeño, se esperaría que

---

105 https://asp.icc-cpi.int/iccdocs/asp_docs/ASP19/IER-Introduccio%CC%81n-SPA.pdf. Informe Grupo de Expertos independientes GEI.

sin mayores dilaciones se abriera la investigación y con ello el proceso. Sin embargo, el trabajo lento y la burocracia en la Fiscalía de la CPI, así como los otros elementos que ya se han identificado, obstaculizan el trabajo eficaz y efectivo de la Corte, poniendo en tela de juicio su credibilidad y hasta su pertinencia.

Llama la atención que a pesar que en el "Documento de política general sobre exámenes preliminares" que hemos mencionado, la Fiscalía asume el compromiso de actuar para evitar nuevos crímenes, la cual se ve disminuida por la burocracia y por la interpretación quizás demasiado restrictiva de normas y reglas restrictivas que impiden hasta ahora acelerar los exámenes preliminares y los procesos.

Nos corresponde seguir trabajando e impulsando la adopción de mecanismos para hacer más eficiente y efectiva la acción de la Corte, en particular su labor preventiva. Se debe alentar a los Estados a que asuman las recomendaciones del Grupo de Expertos Independientes para que las pongan en práctica lo más pronto posible.

## CAPÍTULO VI

# La normativa venezolana y la responsabilidad del superior a la luz del Estatuto Roma.

Thairi Moya Sánchez

## Sumario

Introducción. I. Generalidades sobre la responsabilidad del superior en el contexto internacional. II. De la jurisdicción militar y sus superiores *de iure* en Venezuela. III. La normativa para superiores civiles *de iure* en Venezuela.

## Introducción

1. La responsabilidad del superior es una figura que ha evolucionado durante un largo tiempo. Hugo Grocio resumió de manera espléndida esta figura al indicar que "debemos aceptar el principio de que aquel que sabe de un crimen, es capaz y está obligado a prevenirlo, pero no lo hace, él mismo comete el crimen". Ahora bien, para no hacer un recorrido tan extenso me gustaría hacer mención al caso Yamashita al ser uno de los más emblemáticos en materia de responsabilidad. Yamashita había sido acusado de cometer crímenes de guerra en Malasia, Filipinas

y Singapur.

2. Otros antecedentes importantes pueden ser encontrados en el caso High Command, Hostage, Ministries, Roechling Enterprises, puesto que en el razonamiento de los casos se determinó la responsabilidad de superiores *de facto*, quienes tienen el control sobre las personas que están bajo su dominio, mas dicho control no está determinado en una base legal. La responsabilidad *de facto* no diferencia si las personas que tenían a su cargo eran militares o civiles.

3. No fue hasta el caso *Čelebići* en donde el Tribunal Penal Internacional para la ex- Yugoslavia se pronunció en aquella responsabilidad basada más en la omisión que en la participación directa; a la par, el caso *Blaŝkić* fue otro importante antecedente en este tribunal. Se tiene así que, por ejemplo, con los avances hechos en esta materia permitieron la imputación de Slobodan Milosevic. Se destaca que los casos de *Čelebići y Blaŝkić* se utilizaron como referencias para la redacción del artículo 28 del Estatuto de Roma, en donde de manera más reciente se establece la responsabilidad del superior en el contexto de la comisión de crímenes internacionales. Por su parte, la legislación venezolana no ha presentado cambios significativos en la materia; en este entendido, la finalidad de este artículo es revisar las bases legales que sustentan la responsabilidad del superior en el orden internacional y el estado actual de parte de la normativa venezolana. No obstante, se indica al lector que este ensayo no revisará lo atinente a la responsabilidad de los superiores *de facto*. En suma, este breve trabajo contendrá las siguientes secciones: I) generalidades sobre la responsabilidad del superior en el contexto internacional; II) de la jurisdicción militar y sus superiores *de iure* en Venezuela; III) la normativa para superiores civiles *de iure* en Venezuela; y IV) breves conclusiones.

## I. Generalidades sobre la responsabilidad del superior en el contexto internacional

4. La "responsabilidad del superior" tiene como base positiva "la existencia de un deber" y se configura cuando los superiores fallan en

prevenir o castigar a sus subordinados por la comisión de un crimen. Se destaca que la verdadera responsabilidad del superior se configura a través de la "omisión". En este sentido, es importante hacer referencia que, aunque la mayoría de las legislaciones penales sancionan la materialización de la conducta criminal, excepcionalmente, se encuentra que las omisiones de los superiores como tal son sancionadas por las legislaciones propias al *common law*.

5. Ahora bien, más allá del artículo 28 del Estatuto de Roma, se pueden encontrar formulaciones a la responsabilidad del superior en los artículos 86 del Protocolo de Ginebra I (1977), artículo 6 del Borrador del Código de Crímenes en contra la Paz y la Seguridad de la Comisión de Derecho Internacional, el artículo 7 (3) del Estatuto del Tribunal Penal Internacional para la ex-Yugoslavia y el artículo 6 (3) del Estatuto del Tribunal Penal Internacional para Ruanda.

6. La responsabilidad del superior debe ser diferenciada de aquella que se genera como resultado de una acción positiva y participación directa en el crimen, por ejemplo, a través de órdenes o por la incitación a cometer crímenes. Ante la emisión de órdenes, se estaría frente a la "responsabilidad activa" establecida en el artículo 25.3.b.

7. En el Estatuto de Roma, la responsabilidad del superior está establecida en el artículo 28: para que esta se establezca es necesario que a) exista un superior civil o militar, b) el control y mando efectivo o la autoridad efectiva y control sobre las fuerzas que cometieron el crimen, c) conocimiento, es decir "sabía o, debido a las circunstancias del momento, debería haber sabido, que las fuerzas estaban cometiendo o se proponían cometer esos delitos" o "hubiere tenido conocimiento o deliberadamente hubiere hecho caso omiso de información", d) "falló en tomar todas la medidas necesarias y razonables para prevenir y sancionar la comisión de tales crímenes o de someter el asunto a las autoridades competentes para investigar y juzgar"[106]. A pesar de que los mismos aplican tanto para superiores civiles como militares se tiene que el elemento subjetivo es diferente para cada uno de ellos, la diferencia puede ser destacada en la redacción del artículo

---

106 CPI. *Bemba Case* (Judgment) ICC-01/05-01/08 (21 March 2016), párrafo 170.

28 (a) (i) para superiores militares: "Hubiere sabido o, en razón de las circunstancias del momento, hubiere debido saber que las fuerzas estaban cometiendo esos crímenes o se proponían cometerlos" *versus* el artículo 28 (b) (i) para superiores civiles: "Hubiere tenido conocimiento o deliberadamente hubiere hecho caso omiso de información". Se mantiene el elemento causal y este es que debido a esa "omisión" o esa "falla específica" del superior se "contribuyó" a la comisión de los crímenes investigados.

8. Ahora bien, en atención al ordinal d), la jurisprudencia de la CPI ha indicado que esa falla de tomar todas las medidas necesarias y razonables se configura cuando se incumplen las siguientes: i) el deber de prevenir la comisión del crimen, ii) el deber de sancionar la comisión del crimen, y iii) el deber de someter el asunto a las autoridades relevantes para la investigación y sanción del crimen[107] . Todos los elementos deben de cumplirse, la omisión de tan solo uno de ellos generará la responsabilidad del superior en la esfera internacional. Es propicio hacer mención que la responsabilidad del superior puede surgir por posiciones *de iure* o *de facto*, ambas se pueden configurar tanto en superiores civiles como militares. En la primera, se marca la subordinación impuesta a través de la legislación aplicable a cada situación, se aprecia en los comandos políticos, operacionales, tácticos, estratégicos. Por su parte, la segunda se diferencia por su falta de establecimiento legal pero que en su configuración existe una relación superior-subordinado, que se verifica en la capacidad de emitir órdenes, en la influencia que se tenga en los subalternos y la existencia de la distribución de tareas.[108]

## II. De la jurisdicción militar y sus superiores de iure en Venezuela

9. La Constitución de la República Bolivariana de Venezuela establece en el artículo 236, numerales 5 y 6 que el presidente de la República

---

107 *Ibidem*, párrafo 201.

108 Tribunal Penal internacional para la ex-Yugoslavia. *Prosecution* v. *Zlatko Aleksovski*, Judgment. Case No. IT-95–14/1-T, 25 June 1999, párrafo 129.

tiene como deber:

> 5) Dirigir la Fuerza Armada Nacional en su carácter de Comandante en Jefe, ejercer la suprema autoridad jerárquica de ella y fijar su contingente. 6) Ejercer el mando supremo de la Fuerza Armada Nacional, promover sus oficiales a partir del grado de coronel o coronela o capitán o capitana de navío, y nombrarlos o nombrarlas para los cargos que les son privativos.

10. Por su parte, el artículo 261 de la Constitución establece que

> La jurisdicción penal militar es parte integrante del Poder Judicial, y sus jueces o juezas serán seleccionados por concurso. Su ámbito de competencia, organización y modalidades de funcionamiento, se regirán por el sistema acusatorio y de acuerdo con lo previsto en el Código Orgánico de Justicia Militar. La comisión de delitos comunes, violaciones de derechos humanos y crímenes de lesa humanidad, serán juzgados por los tribunales ordinarios. La competencia de los tribunales militares se limita a delitos de naturaleza militar.

De lo dicho, se deduce que los crímenes de lesa humanidad y genocidio serán juzgados por la jurisdicción ordinaria mientras que los crímenes de guerra y agresión deberían ser juzgados por la jurisdicción militar, lo dicho fue reafirmado por el Tribunal Supremo de Justicia en el caso Silverio González Plaza, de fecha 29 de julio de 2005, en donde la sala indicó que "los delitos comunes deberán ser juzgados por los tribunales ordinarios y la competencia de los tribunales militares se limitará a las infracciones de naturaleza militar"[109].

11. La redacción de la norma constitucional lleva a la necesidad de repasar el sistema de justicia, tanto militar como civil, para juzgar los crímenes de lesa humanidad. En este sentido, se comienza haciendo mención a que el sistema de justicia penal militar venezolano tiene sus orígenes en 1830, cuyas últimas reformas fueron realizadas en 1967 y 1998. En este último año, la justicia militar se niveló a la justicia ordinaria venezolana y se implementó un sistema semiacusatorio. La normativa penal militar se encuentra contenida en el Código Orgánico de

---

109  TSJ. Sala Constitucional. Caso Silverio González Plaza, expediente Nº 05-0891. Sentencia Nº 2072, 29 de julio de 2005.

Justicia Militar (COJM). A pesar de las reformas, la parte sustantiva de este Código es de vieja data y no se corresponde con las necesidades legislativas actuales. En este entendido es importante destacar que el Código nunca actualizó los tipos penales que permitan sancionar los crímenes de guerra considerando al menos el marco de los Convenios de Ginebra y sus protocolos. Como es bien sabido, dichos convenios fueron emanados o actualizados en 1949 en la esfera internacional; sin embargo, a pesar de sus fechas de origen, hasta la actualidad, la normativa venezolana no ha subsanado este vacío.

12. Se considera que este desfase legal posee delicadas consecuencias puesto que los mencionados convenios son la columna vertebral de las operaciones militares. No obstante, la Ley Constitucional de la Fuerza Armada Bolivariana de 2020 solo establece en su artículo 177 lo siguiente:

> Los y las integrantes de la Fuerza Armada Nacional Bolivariana, deben conocer, respetar, cumplir y hacer cumplir las disposiciones legales nacionales y los convenios, tratados y acuerdos internacionales suscritos y ratificados por el Estado Venezolano, en materia de Derecho Internacional Humanitario y Respeto a los Derechos Humanos Artículo 178. Los y las integrantes de la Fuerza Armada Nacional Bolivariana deben conocer, respetar, cumplir y hacer cumplir las disposiciones legales nacionales e internacionales relacionadas con los Derechos Humanos en tiempo de paz y en estado de excepción, actuando en el marco de los mismos.

No obstante, ninguna de las normas en materia militar sancionan la eventual comisión de alguno de estos crímenes.

13. A esto se debe sumar que cuando se revisan los grados de autoría y participación establecidos en el Código Orgánico de Justicia Militar se encontrará que las mismas no permiten establecer, tampoco, de manera actualizada la comisión de crímenes por parte de los militares. El artículo 389 de dicho artículo establece las figuras de: 1) autores o cooperadores inmediatos; 2) cómplices y 3) encubridores. Por su parte, el artículo 390 establece como autores a los que "directamente toman parte en la ejecución del hecho", a los que "[...] obligan o inducen a otro a ejecutarlo" y, finalmente, a los que "[...] cooperan en

su ejecución por un acto sin el cual no se habría consumado el hecho". Sin embargo, tales formas de inducción y cooperación inmediata no son tipos de autoría toda vez que no poseen el dominio del hecho o tales actuaciones no les pueden ser imputados como propios, lo que viene a mostrar un vacío legal para juzgar las distintas modalidades de autoría que se pudiesen suscitar en el contexto de la comisión de crímenes internacionales.

14. En este orden de ideas, el artículo 391 del Código estableció las figuras de la complicidad, la cooperación con la ejecución del hecho mediante actos anteriores o simultáneos como grados de participación. El artículo 391 considera como "cómplice": "a quien faltando a sus deberes militares no tratare de impedir o conjurar por todos los medios a su alcance la perpetración del crimen, o todo aquel que no hubiere dado cumplimiento al deber genérico de denunciar la preparación o comisión de los delitos militares de los cuales tenga conocimiento, dicho deber se encuentra establecido en el artículo 170 del COJM".

15. Finalmente, la "responsabilidad especial del superior" puede ser observada únicamente en el artículo 394 del COJM. Sin embargo, la misma no es entendida como aquella responsabilidad que surge por la omisión del superior, sino que más bien en este Código se configura por la emisión de órdenes. Se destaca lo anterior porque emitir órdenes que impliquen la comisión de un crimen internacional implican una acción y no una omisión. En este sentido, se corrobora que en la legislación militar venezolana no existe una norma que sancione la no acción de un superior en atención a los crímenes cometidos por sus subalternos.

16. La Dirección General de Contrainteligencia Militar (DGCIM) cuenta con un Reglamento[110] en el que se indica que tal dirección depende funcional y organizativamente del comandante en jefe de la Fuerza Armada Nacional Bolivariana, pero administrativamente lo hace el

---

110 Reglamento Orgánico de la Dirección General de Contrainteligencia Militar. Gaceta Oficial N° 40.599 del 10 de febrero de 2015. Decreto N° 1605 10 de febrero de 2015. Disponible en: http://www.franciscosantana.net/2016/02/reglamento-organico-de-la-direccion.html

Ministerio del Poder Popular para la Defensa[111]. A la par, se establecen dos tipos de funcionarios, a saber: 1) el "profesional militar" de contrainteligencia militar que "será aquel Profesional Militar perteneciente a cualquiera de los Componentes Militares de la Fuerza Armada Nacional Bolivariana"[112] y el funcionario (a) de contrainteligencia "es designado mediante nombramiento para ocupar cargo de confianza, por lo tanto será de libre nombramiento y remoción por parte del Director o Directora General de Contrainteligencia Militar"[113]. Aunque la ley establece claramente la cadena de mando en esta dirección, no se menciona al sistema de órdenes o responsabilidades que puedan surgir en el marco del ejercicio de tales funciones.

17. La Legislación venezolana adolece de una normativa cónsona y alineada a los tiempos actuales, se tiene por ejemplo que la Ley de Disciplina Militar aprobada en el año 2015[114], establece responsabilidades limitadas a los superiores en atención a las "faltas" militares

---

111 Artículo 2. La Dirección General de Contrainteligencia Militar es un Organismo de Seguridad de Estado, dependiente funcional y organizativamente del Comandante en Jefe de la Fuerza Armada Nacional Bolivariana y administrativamente del Ministerio del Poder Popular para la Defensa; que tiene como misión, conducir, coordinar y ejecutar las actividades tendentes al descubrimiento, prevención y corte de la actividad enemiga, contribuir con la seguridad de la Fuerza Armada Nacional Bolivariana así como con la seguridad y protección del Presidente o Presidenta de la República Bolivariana de Venezuela y servir de Órgano auxiliar de la Justicia Militar y Ordinaria; todo ello dirigido al fortalecimiento de la Defensa Integral de la Nación.

112 Artículo 9. El Profesional de Contrainteligencia Militar será aquel Profesional Militar perteneciente a cualquiera de los Componentes Militares de la Fuerza Armada Nacional Bolivariana, que se encuentre a orden exclusiva de la Dirección General de Contrainteligencia Militar. De la Dependencia del Profesional Militar de Contrainteligencia Militar.

113 Artículo 16. El funcionario y funcionaria de Contrainteligencia Militar es designado mediante nombramiento para ocupar cargo de confianza, por lo tanto será de libre nombramiento y remoción por parte del Director o Directora General de Contrainteligencia Militar, sin otras limitaciones que las establecidas en las leyes y reglamentos. El funcionario y Funcionaria de Contrainteligencia Militar que haya sido removido de su cargo, no podrá ser reincorporado. De las incompatibilidades.

114 Gaceta Oficial de la República Bolivariana de Venezuela N° 6207 Extraordinario de fecha 28 de diciembre de 2015, reimpresa en la Gaceta Oficial de la República Bolivariana de Venezuela N° 40 833 de fecha 21 de enero de 2016. Disponible en: https://ceofanb.mil.ve/wp-content/uploads/2018/11/LEY-DE-DISCIPLINA-MILITAR-DE-LA-REPUBLICA-BOLIVARIANA-DE-VENEZUELA-21-01-2016.pdf

que puedan cometer sus subalternos. El artículo 29 establece la "obligación de informar"[115], el artículo 30 la "prevención de las faltas"[116] y el artículo 31 indica la "prohibición de sancionar en presencia de un superior"[117]. Los mencionados artículos solo serán aplicables en atención a las "faltas leves, medianas o graves"[118] establecidas en la ley, pero en caso de que un superior incumpla con tales deberes no se estableció las sanciones para tales superiores. Se aclara que la ley no establece ningún tipo de normas en atención a la comisión de crímenes internacionales.

18. A la par, la ley establece un sistema rígido en cuanto al cumplimiento de órdenes sin importar o aclarar si tales órdenes son legales o ilegales. Posterior al cumplimiento de la orden, el militar podrá interponer una queja por estricto al superior que emitió la orden. Se suma que de acuerdo al COJM se impondrá una pena de 16 años de prisión a los militares que incumplan órdenes. No obstante, se hace imperioso traer a colación que la Constitución de la República Bolivariana de Venezuela establece en su artículo 25 que "todo acto dictado en

---

115  Obligación de informar Artículo 29. El o la superior que ha presenciado o tenido conocimiento de una falta y no tenga la facultad para sancionar, está en la obligación de informar de manera inmediata y por escrito a quien tenga facultad para hacerlo. El o la superior que sanciona debe comunicar por escrito las acciones tomadas a quien informó la comisión de la falta.

116  Artículo 30. El o la superior procurará prevenir las faltas de sus subordinados o subordinadas y principalmente, evitará, todo motivo que pueda provocarla. No debe imponer una sanción cuando se encuentra en estado de exaltación o sin averiguar plenamente la falta cometida, esto puede traer como consecuencia una sanción injusta. Para obtener este resultado, los o las superiores deberán recordar a cada instante que son, ante todo, educadores y educadoras y que en tal concepto su deber esencial consiste en prevenir antes que castigar, dando de por sí ejemplo manifiesto de disciplina, trabajo y eficiencia. Dentro de este criterio, la unidad mejor conceptuada no será aquella en que se haya hecho uso desmedido de los castigos, sino aquella en que se logren sólido resultados materiales, morales e intelectuales sin necesidad de recurrir sino excepcionalmente a las sanciones disciplinarias.

117  Artículo 31. Los o las militares facultados para imponer sanciones deben abstenerse de hacerlo en presencia de un o una superior. Solo puede procederse en tal sentido, cuando él o la superior concede la autoridad para ello o cuando lo ordena expresamente. Asimismo, el o la que haya dado cuenta de la falta de un subalterno directo o una subalterna directa y al o a la cual no le hayan impuesto sanción, debe desde ese momento abstenerse de toda providencia al respecto hasta que reciba órdenes del o la superior al cual se haya dirigido.

118  Artículo 34. Las faltas a la disciplina militar se clasifican en: 1. Leves. 2. Medianas. 3. Graves.

ejercicio del Poder Público que viole o menoscabe los derechos garantizados por esta Constitución y la ley es nulo, y los funcionarios públicos y funcionarias públicas que lo ordenen o ejecuten incurren en responsabilidad penal, civil y administrativa, según los casos, *sin que les sirvan de excusa órdenes superiores*". (énfasis agregado)

19. A pesar de lo señalado por la norma constitucional, las normas promulgadas posteriormente a esta, por ejemplo, la Ley de Disciplina Militar, o anterior a esta, *i. e*, el Código Orgánico de Justicia Militar, no han sido armonizadas con el texto constitucional. De lo hasta acá señalado, se reafirma que la normativa venezolana no cuenta con las bases sólidas para poder establecer de manera clara las responsabilidades tanto por acción como por omisión en materia militar.

## III. La normativa para superiores civiles de iure en Venezuela

20. EL Código Penal Venezolano no establece la responsabilidad de los superiores bajo ninguna modalidad.

21. Por su parte, la Ley Orgánica del Servicio de Policía y del Cuerpo de Policía Nacional Bolivariana[119] tampoco establece responsabilidades a los superiores por los delitos o crímenes que puedan cometer sus subalternos; más bien la norma presenta la misma dolencia que la ley de disciplina militar en donde se establece una obediencia debida al superior[120], aunque la ley regula en el artículo 65 como norma básica de actuación policial:

> 6. Velar por el disfrute del derecho a reunión y del derecho a manifestar pública y pacíficamente, conforme a los principios de respeto a la dignidad,

---

119  Ley de Reforma del Decreto N° 5895, con Rango, Valor y Fuerza de Ley Orgánica del Servicio de Policía y del Cuerpo de Policía Nacional, publicada en la Gaceta Oficial de la República de Venezuela Nº 5940 Extraordinaria de fecha 7 de diciembre de 2009.

120  Artículo 67. Los funcionarios y funcionarias policiales deben respeto y consideración a sus superiores jerárquicos y obediencia legítima y subordinación a sus mandos funcionales. Acatarán y cumplirán las políticas, planes, programas, órdenes, instrucciones, decisiones y directrices que emanen de las autoridades competentes, salvo lo dispuesto en la presente Ley.

tolerancia, cooperación, intervención oportuna, proporcional y necesaria.

7. Respetar la integridad física de todas las personas y bajo ninguna circunstancia infligir, instigar o tolerar ningún acto arbitrario, ilegal, discriminatorio o de tortura u otros tratos o penas crueles, inhumanas o degradantes, que entrañen violencia física, psicológica y moral, en cumplimiento del carácter absoluto del derecho a la integridad física, psíquica y moral garantizado constitucionalmente.

8. Ejercer el servicio de policía utilizando los mecanismos y medios pertinentes y ajustados a la Constitución de la República Bolivariana de Venezuela para la preservación de la paz y la garantía de la seguridad individual y colectiva.

9. Extremar las precauciones, cuando la actuación policial esté dirigida hacia los niños, niñas y adolescentes, así como hacia los adultos y adultas mayores y las personas con discapacidad, para garantizar su seguridad e integridad física, psíquica y moral.

10. Abstenerse de ejecutar órdenes que comporten la práctica de acciones u omisiones ilícitas o que sean lesivas o menoscaben los derechos humanos garantizados en la Constitución de la República Bolivariana de Venezuela o en los tratados internacionales sobre la materia, y oponerse a toda violación de derechos humanos que conozcan.

11. Denunciar violaciones a los derechos humanos que conozcan o frente a los cuales haya indicio de que se van a producir.

12. Asegurar plena protección de la salud e integridad de las personas bajo custodia, adoptando las medidas inmediatas para proporcionar atención médica.

22. Cabe hacer mención ante esta ley que las Fuerzas de Acción Especial de la Policía Nacional Bolivariana (FAES) estarían sujetas a ese marco normativo y al establecido en el Código Penal venezolano como a las leyes conexas que pudiesen ser aplicables en atención a los crímenes o delitos que pudiesen ser cometidos por estas fuerzas. Se aclara que a la fecha no se conoce públicamente la base legal que dio origen a la formación de estas fuerzas. No obstante, se considera que lo señalado en el artículo 18 sobre el órgano coordinador, aplicará análogamente a las FAES por ser este una fuerza adscrita a la Policía Nacional Bolivariana. Dicho artículo establece que "El Ejecutivo Nacional, a

través del Ministerio del Poder Popular con competencia en materia de seguridad ciudadana, *es el órgano encargado de la coordinación de las actuaciones del servicio de policía*" (énfasis agregado). De lo indicado se desprende que la responsabilidad de superiores, tanto activa como pasiva, puede ser deducida por lo establecido en dicha norma, aunque no necesariamente sancionada.

23. Por su parte, el Servicio Bolivariano de Inteligencia Nacional (SEBIN) está regulado en un Reglamento Orgánico[121], el cual establece y regula la estructura general de este órgano. La Ley establece claramente los máximos superiores y estructura organizativa de este cuerpo de inteligencia en sus artículos 3[122], 5 y 6. Ninguno de estos funcionarios tienen estabilidad puesto que todos son considerados de libre nombramiento y remoción o de "confianza y libre nombramiento y remoción", todo esto de acuerdo al artículo 22 de dicho Reglamento. A la par, el artículo 25 del Reglamento solo hace mención a una responsabilidad genérica de los funcionarios (as) "por los delitos, faltas, hechos ilícitos e irregularidades administrativas cometidas en el ejercicio de sus funciones. Esta responsabilidad no excluirá la que pudiese corresponderles por efecto de otras leyes o de su condición de ciudadanos o ciudadanas".

**IV.** En conclusión, de lo desglosado, se considera que en Venezuela no existe una norma clara y precisa que permita configurar la responsabilidad de los superiores de iure tanto en materia militar como civil. A la par, se suma que, aunque el Código Penal venezolano pueda sancionar algunos crímenes que podrían ser aplicados análogamente a la persecución de crímenes internacionales, las figuras de autoría o participación no permitirían juzgar a los "superiores" como tal por

---

121 Gaceta Oficial Nº 431 672. Reforma del Reglamento Orgánico del Servicio Bolivariano de Inteligencia Nacional (SEBIN). 01 de noviembre de 2016. Disponible en: http://www.jurisline.com.ve/data/files/3642.pdf

122 Artículo 2. La máxima autoridad del Servicio Bolivariano de Inteligencia Nacional corresponde al Director o Directora General, que será nombrado por el presidente de la República Bolivariana de Venezuela.

la comisión de tales crímenes. Por tanto, en principio, sancionar a un superior en Venezuela no puede ser realmente llevado a cabo como consecuencia de la no existencia de la base normativa. A su vez, se hace mención que a pesar de que Venezuela es parte del Estatuto de Roma tampoco ha llevado a cabo un proceso de modernización de sus normas internas al menos en materia de responsabilidades.

# EXPOSITORES

## Luis Alfonso García-Corrochano

Abogado con Maestría en Derecho Internacional por la Universidad Complutense de Madrid. Profesor de Derecho Internacional Público, decano de la Facultad de Derecho de la Universidad Peruana de Ciencias Aplicadas (UPC). Miembro y presidente del Comité Jurídico Interamericano de la Organización de Estados Americanos (OEA).

## Víctor Rodríguez Cedeño

Abogado con estudios de posgrado en el Instituto de Estudios Europeos de Ginebra, en el Instituto de Altos Estudios Internacional de París y en la Universidad de París II (Derecho Internacional). Embajador de carrera del Servicio Exterior de Venezuela, profesor de Derecho Internacional y exmiembro de la Comisión de Derecho Internacional de las Naciones Unidas (1997-2007).

## Blas Jesús Imbroda Ortiz

Doctor en Derecho, presidente de la Subcomisión de Extranjería y Protección Internacional del Consejo General de la Abogacía Española. Expresidente del Colegio de Abogados Penal Internacional. Máster en Derecho Penal Internacional. Profesor Asociado de Derecho Penal Universidad de Granada (España).

## Soranib Hernández de Deffendini

Licenciada en Comunicación (UBA)-Grado en Ciencias Sociales y Jurídicas (homologación Ministerio de Educación de España). Máster en Dirección de Empresas (UC3M), y en Relaciones Internacionales y Derecho Internacional (UCM). Experta universitaria en Derecho y Política desde la Perspectiva de España y Estados Unidos (URJC). Diplomado Energy from a Transatlantic Perspective: Law, Politics, and Economics (Georgetown University). Especialización en Diplomacia y RRII (Escuela Diplomática de España), y Jornadas de Seguridad y Defensa (Centro Superior de Estudios de la Defensa Nacional-España). Doctorando en Derecho Internacional y Relaciones Internacionales (UCM-UAM). Profesora de Derecho Internacional y Relaciones Internacionales de la Universidad Rey Juan Carlos de Madrid.

## Antonio Pastor Palomar

Doctor en Derecho por la Universidad Complutense de Madrid y profesor titular de Derecho Internacional Público en la Universidad Rey Juan Carlos (Madrid). Antiguo consejero técnico de la Asesoría Jurídica Internacional del MAEC de España, y antiguo asesor en Derecho de la Unión Europea del Ministerio de Educación para la transposición de la Directiva sobre cualificaciones profesionales. En la actualidad, también es consultor en Herbert Smith Freehills Spain LLP.

## Milagros Betancourt Catalá

Abogada (UCAB-1972) con estudios de posgrado en Derecho Administrativo en la Universidad de Alcalá de Henares y en la Academia de Derecho Internacional de La Haya. Profesora de Derecho Internacional Público, Universidad Católica Andrés Bello de Caracas (UCAB), y profesora en las Universidades Metropolitana y Monteávila de Caracas (Venezuela). Exdirectora de Tratados Internacionales y de Asuntos Multilaterales del Ministerio de Relaciones Exteriores de Venezuela. Negociadora por Venezuela del Estatuto de Roma que crea la Corte Penal Internacional.

## Thairi Moya Sánchez

Abogada, profesora e investigadora venezolana (UCV-2003) con estudios de posgrado en la Universidad Central de Venezuela. Maestría en la Universidad de Nottingham y Doctorado en Derecho de la Universidad Central de Venezuela con mención excelente y honorífica. Ex becaria Chevening y Ex fellow de la ONU. Tiene estudios en el Instituto Internacional de Derecho Humanos René Cassin, en Estrasburgo, en la Academia de Derecho Internacional de La Haya y en la Universidad de Harvard. Ha realizado visitas profesionales a la Corte Interamericana de Derechos Humanos y al Alto Comisionado de las Naciones Unidas para los Refugiados. Profesora de Derecho de la Universidad Católica Andrés Bello (UCAB) e investigadora asociada del Centro de Derechos Humanos de la UCAB. Ganadora del Premio de la Academia de Ciencias Políticas y Sociales en 2018. Ha sido investigadora invitada por el Centro Noruego de Derechos Humanos en la Universidad de Oslo.

## Recientes publicaciones de Editorial UPC

### 2021

Angélica Brañez Medina
*Moda y tradición. El vestido del pueblo limeño en el siglo XIX republicano*

Michele Albanelli
*Espacios de aprendizaje. Reflexiones sobre la relación entre el diseño, la arquitectura y la pedagogía*

Mayté Ciriaco Ruiz
*Niñas sin infancia. La normalización del abuso en la selva peruana*

Universidad Peruana de Ciencias Aplicadas
*Anuario 2019. Carrera profesional de Diseño*

Gerardo Karbaum Padilla
*La evolución de la narrativa audiovisual. Analógica, transmedia y social media*

Elizabeth Cárdenas Arroyo, Liliana Checa Yábar, Marissa Consiglieri de Chackal y Cristina Dreifuss Serrano
*Bocadillos de artes. Alimentando el alma, la mente y los sentidos*

David Reyes Zamora
*Reto bicentenario. Una mirada a las fracturas que limitan el desarrollo del Perú tras la pandemia*

Jorge Alberto Balerdi Arrarte
*Restaurantes limeños del boom gastronómico. Arquitectura e identidad*

Pedro Cateriano (comp.)
*25 peruanos del siglo xx*

Emiliano Brancaccio y Samuele Bibi
*Anti-Blanchard. Un enfoque comparativo para el estudio de la macroeconomía*

Piero Che Piu Palao
*Leer con binoculares. Crea contenido significativo que las personas disfruten*

Jorge Antonio Machuca Vílchez
*Manual del consumidor financiero peruano. Aspectos legales y procedimentales*

Martín Horna Romero
*Blanca Varela: una retórica del horror y la vanidad. Interpretación de Ejercicios materiales*

Jorge Illa Boris, Bruno Rivas Frías y Oscar Sánchez Benavides (eds.)
*Juegos políticos. El deporte y las pugnas que mueven el mundo*

Paúl Lira Briceño
*Evaluación de proyectos de inversión. Guía teórica y práctica*

Dennis Arias Chávez y Luis Miguel Cangalaya Sevillano
*Investigar y escribir con APA 7*

Encuentre más publicaciones de Editorial UPC
en versión impresa y digital, ingresando a
**www.editorial.upc.edu.pe**

Visite la página de Facebook Editorial UPC
**www.facebook.com/editorialupc**